ARCHICAD 22 ではじめる BIM設計入門

[基本・実施設計編]

BIM LABO 著

X-Knowledge

本書について

本書はパソコンと2次元CADの基本操作ができ、ARCHICADのインターフェイスをある程度理解されている方を対象としています。パソコンやCADの基本操作は、市販の解説書などを利用して習得してください。本書の内容はARCHICAD 22 Windows版で執筆されています。ARCHICADをお持ちでない方は、グラフィソフトジャパンのホームページから体験版をダウンロードできます(P.8)。なお、本書発刊後にソフトがバージョンアップされることがありますが、執筆バージョン以外の動作については保証いたしかねます。

ARCHICAD 22について

ARCHICAD 22はGRAPHISOFT社が開発・販売する建築3次元CADです。BIM(Building Information Modeling)のプラットフォームとして、多くのゼネコンや組織設計事務所などで採用されています。

価格:本体価格840,000円(税抜)　※2019年1月時点
開発／販売元:グラフィソフトジャパン株式会社　http://www.graphisoft.co.jp/

	Windows	Mac
OS	Windows 10 (64-bit) ※32-bit OSはサポートされていません。 ● Windows 7(64-bit)、Windows 8(64-bit)は互換性がありますが、GRAPHISOFTでテストされていません。 ● Windows Vistaおよびそれ以前のシステムとは互換性がありません。 ● Mac OS X 10.11 El Capitanは互換性がありますが、GRAPHISOFTでテストされていません。 ● Mac OS X 10.10 Yosemiteおよびそれ以前のシステムとは互換性がありません（ARCHICADをインストールできません）。	macOS 10.12 Sierra、 macOS 10.13 HighSierra
CPU	64-bitプロセッサ必須。4コア以上必須	
RAM	16GB以上推奨。複雑なモデルには32GB RAM以上推奨	
ハードドライブ	SSD(またはFusion Drive)へのインストール推奨。インストールには約5GBの空き容量が必須。プロジェクトごとに10GBの空き容量必須	
ディスプレイ	必須: 1440x900 以上推奨	
グラフィックカード	OpenGL 3.2対応のグラフィックカード。複雑なモデルの操作には1024MB以上のRAMを推奨	

※ Windows は米国 Microsoft Corporation の登録商標、Mac は米国 Apple.Inc の登録商標です。その他、本書に記載されたすべての製品名、会社名などは、一般に各社の商標または登録商標です。

はじめに

この本は2015年11月に初版として発行された。当時はArchiCAD 19を対象にしていたが、今回はARCHICAD 22を対象とし、すべての操作解説や画像を見直した。特に断面形状やプロパティマネージャーなどARCHICAD 21、22の新機能を採用して効率のよいモデリングと作図方法を紹介している。

また本書の姉妹編である『ARCHICAD 21ではじめるBIM設計入門［企画設計編］』もぜひ合わせて読まれたい。「BIMを使って企画設計から実施設計まで可能ですか？」と、これからBIMをはじめる人に聞かれることがある。本書がその答えだ。ていねいに企画設計用のモデルを基本設計、実施設計モデルに変えていくテクニックを紹介したつもりだ。企画設計ではできるだけシンプルなモデルしておいて、実施設計ではできるだけ少ない手間で詳細なモデルと図面出力ができることを解説した。

第1章と第2章の基本設計部分は鈴木が執筆した。第1章から第3章の実施設計部分は新が執筆した。第4章は内藤が執筆した。

内藤は第4章のチームワーク作業の手順、積算、照明シミュレーションを担当した。積算の項目ではARCHICAD 22から導入された「数式エディタ」を用いて一覧表を作成した。これまではモデルからの集計や仕上などの要素を一覧表に表示するだけだったが、「数式エディタ」を使えば計算式を利用して新たな結果を導き出すことができるようになった。大きくARCHICADでできることの幅が広がった。

新は今回も実務と新たなツールや改善された機能を照らし合わせながら、どのように活用すれば良いのかな？ ここの解説は今のママがいいななどと赤のフリクションペンで書いては消しを繰り返した。紙面から少しあふれ出た原稿はどこかでお話できるとして、ガイドラインモデルをベースに今日時点でのベストな方法で加筆できたかと思う。ちなみに実施設計モデルには、ARCHICAD22のリリースを記念して数字の「2」をひそかにどこかに仕込んでモデリングしている。ぜひ楽しんで探しつつ、本書とデータをご覧いただきたい。

鈴木は同じBIMアプリケーションのRevitを教えたり設計に使ったりしながら、ARCHICADの解説を執筆した。「あれ、ゾーン、部屋？ レベル、フロア？」と用語に混乱してしまいがちだ。それでも、プログラム開発もする筆者としては二つのアプリケーションの違いを開発思想の違いとして楽しんでいる。

エクスナレッジ編集担当の杉山さんには今回も助けていただいた。心からの感謝を表明したい。

2019年1月　BIM LABO（鈴木、新、内藤）

目次

はじめに ……………………………………………………………………………… 003
ARCHICAD 22体験版のダウンロード ……………………………………………… 008
ダウンロード付録について …………………………………………………………… 010

chapter 1 ● 企画設計から基本、実施設計へ

01 ● 3つの設計フェーズとBIMモデル …………………………………………… 014
1> 方向を決める企画設計 ……………………………………………………… 014
01 企画設計とは ………………………………………………………… 014
02 BIMでの企画設計モデルの目的 ……………………………………… 015
2> 合意形成のための基本設計 ………………………………………………… 016
01 基本設計とは ………………………………………………………… 016
02 BIMでの基本設計モデルの目的 ……………………………………… 017
3> あらゆる詳細を含む実施設計 ……………………………………………… 018
01 実施設計とは ………………………………………………………… 018
02 BIMでの実施設計モデルの目的 ……………………………………… 018
03 実施設計から施工BIMへ …………………………………………… 019
4> 企画、基本、実施モデルのLOD ………………………………………… 020

02 ● 基本設計／実施設計モデルの環境設定 ……………………………………… 022
1> ペンセット ……………………………………………………………………… 022
2> ビルディングマテリアル …………………………………………………… 023
01 ビルディングマテリアルで必要な4つの設定 ……………………… 023
02 実施設計のビルディングマテリアル ………………………………… 025
3> 複合構造 ……………………………………………………………………… 030
01 基本設計の複合構造 ………………………………………………… 030
02 実施設計の複合構造 ………………………………………………… 031
4> 属性マネージャーを使う …………………………………………………… 035
01 属性マネージャーファイルの作成方法 ……………………………… 035
02 作成した属性を現在のファイルに追加する ………………………… 037
03 [属性マネージャー]で属性を上書きして管理する ………………… 038

03 ● 企画設計モデルから基本・実施設計モデルに ……………………………… 040
1> 企画設計モデルから基本設計モデルへ …………………………………… 040
01 ファイルを別名で保存する …………………………………………… 040
02 属性を追加する ……………………………………………………… 041
03 基本設計の作業環境を確認 ………………………………………… 043
04 モデル表示オプションをインポート ………………………………… 044
2> 基本設計モデルから実施設計モデルへ …………………………………… 045
01 モデル移行の手順 …………………………………………………… 045
02 [オーガナイザ]パレットで詳細図ビューを一括保存 ……………… 046
03 ビュー保存した断面詳細図を確認する ……………………………… 048
04 断面図を「影なし」の設定にする …………………………………… 049

chapter 2 ●モデルの作成

- 01 ● 基本設計モデルの入力 052
  - 1> 基本壁から複合構造壁への変更 052
    - 01 条件にあった壁を選択 052
    - 02 複合構造の壁に設定変更 055
  - 2> 屋上フロアのパラペットの作成 056
    - 01 壁を複合構造に変更 056
    - 02 断面形状でパラペットを作成 057
- 02 ● 実施設計モデルの入力 064
  - 1> 実施設計モデルを整える便利な機能 064
    - 01 [要素をスラブに調整]機能を使う 065
    - 02 [基準線/基準面]機能を使う 068
    - 03 仕上げ床と躯体床に分けてモデリング 071
  - 2> フロア高さの変更 073
    - 01 [フロアの設定]で階高を変更 073
    - 02 階高の変更に追従する要素 075
  - 3> 柱の壁仕上げを入力 077
    - 01 [ラップ方法]で入隅柱に仕上げを追加 077
    - 02 複合構造を使って独立柱に仕上げを追加 079
    - 03 ラップ方法と複合構造を組み合わせる 082
  - 4> 開口部枠表現 084
    - 01 [窓ツール]での開口部枠表現 084
    - 02 [モデル表示オプションに依存]とは 089
    - 03 [ドアツール]での開口部枠表現 091
  - 5> 階段手摺の入力 094
    - 01 [手摺りツール]で階段手摺を入力 094
    - 02 階段手摺の編集 098
  - 6> 可動家具の表現 102
    - 01 オフィスレイアウトのシンボル表現 102
    - 02 テーブルセットのシンボル表現 104
  - 7> 設備モデルの入力 108
    - 01 ARCHICADLibraryからモデリング 109
    - 02 外部からライブラリを読み込む 112
    - 03 ARCHICADLibraryと組立要素ツールでモデリング 114
  - 8> バルコニー床の入力 122
    - 01 バルコニー床の[メッシュツール]設定 123
    - 02 [参照線]を使って床の外形を入力 124
    - 03 バルコニー床に勾配をつける 126
    - 04 側溝をつくる 127
  - 9> 屋上フェンス支持材の入力 129
    - 01 屋上フェンスの確認 129
    - 02 鉄骨H形鋼の設定 130
    - 03 断面形状をインポート 131
  - 10> 巾木とカーテンボックスを作成 133
    - 01 巾木の断面形状を確認 134
    - 02 断面形状の編集方法 135
    - 03 カーテンボックスの断面形状を確認 136
    - 04 カーテンボックスの配置 138

chapter 3 ● モデルから実施設計図面を作成

01 ● 詳細図のビューを作成 ……………………………………………… 142
1> 平面詳細図を作成 …………………………………………………… 142
- 01　[ビューを保存]で平面図を平面詳細図に ………………………… 142
- 02　[方向の設定]で図面枠におさめる ……………………………… 145
- 03　回転した平面詳細図のビューを上書き保存 …………………… 147
- 04　詳細寸法を入力する ……………………………………………… 148
- 05　配置した寸法線を分離して移動する …………………………… 151
- 06　作図済みの寸法線に寸法を追加する …………………………… 152
- 07　寸法点を別の点に変更する ……………………………………… 154
- 08　詳細寸法自動作成ツール(VIPツール) ………………………… 155
- 09　[カスタムテキスト]で寸法に書き込みを追加する …………… 158

2> 断面詳細図を作成 …………………………………………………… 159
- 01　[ビューを保存]で断面図を断面詳細図に ……………………… 159
- 02　[断面図設定]でフロアレベルラインを入れる ………………… 162
- 03　断面詳細図に寸法や書き込みを追加する ……………………… 163
- 04　断面詳細図のビルディングマテリアルの優先度 ……………… 167

02 ● ツールを使って詳細図を作成 ………………………………… 169
1> 展開図を作成 ………………………………………………………… 169
- 01　展開図をモノクロで作成する …………………………………… 169
- 02　展開図をビュー保存する ………………………………………… 175
- 03　展開図のビューを調整する ……………………………………… 178
- 04　展開図をカラーで作成する ……………………………………… 181
- 05　仕上げのカラーを変更する ……………………………………… 183

2> 天井伏図を作成 ……………………………………………………… 184
- 01　天井伏図を切り出す ……………………………………………… 184
- 02　天井伏図をビュー保存する ……………………………………… 187
- 03　天井伏図にテキスト情報を加える ……………………………… 188
- 04　天井伏図用の設備機器リストの設定 …………………………… 190

3> 階段詳細図と蹴上部分詳細図を作成 …………………………… 193
- 01　[断面図ツール]で階段詳細図を作成する ……………………… 193
- 02　階段詳細図の書き込みとビュー保存 …………………………… 196
- 03　[詳細図ツール]で蹴上部分詳細図を作成する ………………… 198

4> 建具表を作成 ………………………………………………………… 202
- 01　建具表の一覧表設定を確認する ………………………………… 202
- 02　一覧にないパラメータを追加する ……………………………… 205
- 03　一覧表ウィンドウで建具表を編集する ………………………… 206
- 04　建具表をビュー保存する ………………………………………… 209
- 05　建具表をレイアウトする ………………………………………… 211

5> [ワークシートツール]で2D要素を書き込む ………………… 215
- 01　ワークシートを作成する ………………………………………… 215
- 02　重複した塗りつぶしを整理する ………………………………… 218
- 03　重複した線を整理する …………………………………………… 220
- 04　モデルの変更を再構築する ……………………………………… 223
- 05　2Dデータの敷地図を読み込む ………………………………… 224
- 06　2DCADデータを詳細図に読み込む …………………………… 226
- 07　レイアウトシートにワークシートを重ね合わせる …………… 233

03 ● 実施設計図書を作成する［レイアウトブック］ ……………………………………… 235
  1> 展開図や標準詳細図の図面枠［マスタレイアウト］…………………………………… 235
  2> 図面番号の設定 ……………………………………………………………………………… 240
    01 図面番号の自動連番設定 ……………………………………………………………… 241
    02 図面番号を割り当てない場合 ………………………………………………………… 243
  3> PDFの作成 …………………………………………………………………………………… 244
    01 レイヤー付きPDFを作成する ………………………………………………………… 244
    02 PDFを読み込んで2D図面に分解する ……………………………………………… 246
    03 複数の図面を一括してPDF出力する ………………………………………………… 249

chapter 4 ● 応用編

01 ● チームで作業する ……………………………………………………………………… 254
  1> チームワーク作業を始める前に ………………………………………………………… 254
    01 準備と設定 ……………………………………………………………………………… 254
    02 チームでプロジェクトを共有 ………………………………………………………… 255
    03 チームワークのライブラリ …………………………………………………………… 256
  2> チームワークプロジェクトを開く／閉じる …………………………………………… 258
    01 チームワークプロジェクトを開く …………………………………………………… 258
    02 チームワークプロジェクトを閉じる ………………………………………………… 259
  3> チームワーク作業のポイント …………………………………………………………… 260
    01 ［送信/受信］を忘れずに ……………………………………………………………… 260
    02 要素変更時には「確保」が必要 ……………………………………………………… 260
    03 要素を「確保」する方法 ……………………………………………………………… 261
    04 作業が終了した要素を「解放」する ………………………………………………… 262
    05 確保できない要素を「要求」する …………………………………………………… 262

02 ● ARCHICADで積算 …………………………………………………………………… 265
  1> 一覧表の設定 ……………………………………………………………………………… 265
    01 一覧表の条件を定義する ……………………………………………………………… 265
    02 面積のプロパティを作成して追加する ……………………………………………… 269
    03 一覧表フィールドを定義する ………………………………………………………… 273
  2> 一覧表の表示を整えて出力 ……………………………………………………………… 275
    01 一覧表の表示調整 ……………………………………………………………………… 275
    02 一覧表をExcelファイルに出力する ………………………………………………… 276

03 ● 配光データを使って照明シミュレーション ……………………………………… 277
  1> 光源のオフ ………………………………………………………………………………… 277
  2> IESデータの読み込みと設定 …………………………………………………………… 278
  3> レンダリング ……………………………………………………………………………… 279

索引 ………………………………………………………………………………………………… 283

●デザイン KINDS ART ASSOCIATES　●DTP 中央編集舎

ARCHICAD 22
体験版のダウンロード

グラフィソフトの下記ページからARCHICAD 22の体験版がダウンロードできます。体験版の利用にはグラフィソフトアカウントが必要です。アカウントをお持ちでない方はアカウント登録を済ませてから、体験版をダウンロードしてください。体験版の動作環境は製品版と同じです（P.2参照）。

※体験版の期限はダウンロードから30日間です。体験版インストール時の不具合については、著者、当社ならびに開発元では質問を受け付けておりません。

※以下は2019年1月現在の情報です。仕様変更などがおこなわれた場合、下記内容とのちがいについてはお答えできません。

01 グラフィソフト「MYARCHICAD」のページ（https://myarchicad.com/）を開き、アカウント登録した「メールアドレス」「パスワード」を入力して［ログイン］ボタンをクリックする。

詳細 アカウントを取得していない場合は、該当する職業欄（プロフェッショナル・学生・教員など）の［登録＆ダウンロード］ボタンからアカウント登録をしてください。

02 ログインページが開く。「ARCHICAD 22 Japanese（日本語）」のダウンロードをクリックする。

03 「ARCHICAD 22 Japanese（日本語）」ページが開く。MacまたはWindowsのリンクをクリックすると体験版のダウンロードが開始される。以降、ウィザードの表示にしたがって体験版をインストールする。

詳細 表示されている「シリアル番号」は初回起動時に必要です。メモをとるか、画面を保存して番号を控えておきましょう。

ダウンロード付録について

本書の操作練習で使用するファイルは、以下のエクスナレッジサポートページからダウンロードできます。下記ページの記載事項を必ずお読みになり、ご了承いただいたうえで付録データをダウンロードしてください。

http://xknowledge-books.jp/support/9784767825946

```
■ ダウンロード

● 本データは、ZIP形式で圧縮されています。ダウンロード後は解凍（展開）して、デスクトップなどわかりやすい場所に移動してご使用ください。ZIP形式ファイルの解凍（展開）方法は、ご使用のWindowsなどOSのヘルプやマニュアルを読んでご確認ください。

● 練習用ファイルは、ARCHICAD 22バージョンに対応しています。それ以前のバージョンやARCHICAD Soloには対応していません。

● 以下のリンクをクリックするとダウンロードが開始されます。ダウンロードデータの保存方法、保存先などはご使用のWebブラウザの種類やバージョンによって異なります。ご使用のWebブラウザのヘルプやマニュアルを読んでご確認ください。

■ 本書操作練習データ
    ▶ archicad22_kihon_jissi_lesson.zip [564.82MB]    ←「ダウンロード」にあるリンクをクリック
```

● 本書操作練習データ

ZIPファイルを解凍（展開）すると、「練習用ファイル」フォルダーが表示されます。「練習用ファイル」フォルダーには操作練習で使用するファイルを章ごとに収録しています。対応バージョンはARCHICAD 22です。ARCHICAD 21以前のバージョンではファイルを開けません。

〈付録ファイル使用上の注意〉
- 本書付録ファイルを使用したことによって生じたいかなる損害・トラブルについても、当社ならびに著作者は一切の責任を負いかねます。
- 本書付録ファイルは、本書を購入された方のみ使用できます。
- 本書付録ファイルの著作権はすべて株式会社BIM LABOに属します。当社および著作者の承諾なしに無断で転載（引用、複製など）や再配布することを禁じます。

ファイルの開き方

「ARCHICAD 22を起動」ダイアログボックスで[プロジェクトを開く]と[単独プロジェクト]を選択して、[参照]ボタンをクリックします。[ファイルを開く]ダイアログボックスが開いたら、付録のデータをコピーしたフォルダーから、開きたいファイルを選択して[開く]ボタンをクリックします。起動後にファイルを開く場合は、[ファイル]メニューの[開く]から操作します。

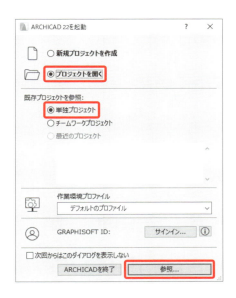

> **詳細** 練習用ファイルは Windows で作成されています。ファイル内のテキストは Windows に用意されているフォントを使用しているため、Mac で練習用ファイルを開くと文字化けすることがあります。その場合は Mac で読めるフォントに置き換えてください。

注意画面の対処方法

付録のファイルを開く時に注意画面が表示されたら、以下の方法に従ってください。

● **「警告！ ARCHICAD は体験版で実行中です。」**

付録のファイルを体験版で開くと表示されます。[体験版に変換]ボタンをクリックしてください。上書き保存すると次回からそのファイルを開いても表示されなくなります。

> **詳細** 上記の画面は製品版では表示されません。体験版で保存したファイルは製品版では開けなくなります。また、保存したコンピュータでしか開けません。

- **「アーカイブプロジェクトを開く」**

  [要素をアーカイブから直接読み込み]を選択し、[開く]ボタンをクリックします。

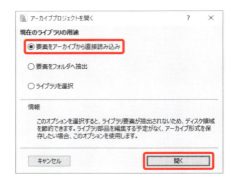

- **「図面を更新」**

  [全て無視]ボタンをクリックします。

- **「欠落しているアドオン」**

  VIPサービスのアドオンツールをインストールしていないと表示されます。[OK]ボタンをクリックします。

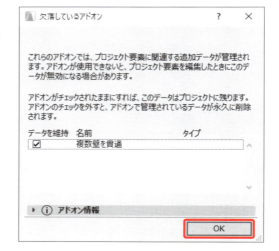

- **「ライブラリロードレポート」**

  右上の閉じるボタンをクリックしてダイアログボックスを閉じます。

chapter 1
企画設計から基本、実施設計へ

こんな建物にしようという骨格が決まり、建設可能な建物を設計するのが基本設計フェーズ、そしてその次の施工に結びついている実施設計フェーズ、2つのフェーズでのBIMの使い方を本書では取り上げる。またいきなり基本設計や実施設計にとりかかるのではなく、企画設計という複数のアイデアから1つの案に絞り込んで決めていくフェーズがあって、その企画設計モデルを利用して基本設計から実施設計へと順に進んでいくというシナリオを本書では採用した。

もちろん実際の設計現場ではさまざまなシチュエーションがあり、紙にかかれた2次元の設計図を読んで、そこから実施設計のみをBIMでおこなうというようなこともあるだろう。それでも理解のしやすさを優先して、企画設計から基本、実施設計へといういわば理想的な順序でのBIMをここでは解説する。BIM＝Building Information Modeling（ビルディング インフォメーション モデリング）一般についての解説、企画設計フェーズでのBIMの使い方についての解説は本書の姉妹版『ARCHICAD 21ではじめるBIM設計入門[企画設計編]』を参照されたい。

01 3つの設計フェーズとBIMモデル

企画設計、基本設計、実施設計と建築設計には3つのフェーズがある。それぞれのフェーズでBIMの使い方は変わってくる。実施設計という施工に直接結びついているフェーズでおこなう詳細なBIM設計手法で、企画設計の概略案のモデルを作っていては時間がいくらあっても足りない。企画設計、基本設計、実施設計の各フェーズですることと、それぞれのフェーズのモデルの特徴やBIMのルールを確認しておこう。

1 方向を決める企画設計

企画設計のフェーズなのに細かくモデリングしすぎて時間ばかりかかってしまう。それは企画設計の目的を忘れて、ルールも決めずに作業にかかっているからだ。目的とルールをここでしっかり確認しておこう。

01 企画設計とは

たとえば敷地があって、この敷地にどんな建物が建てることができるのかの「案」の段階の設計が「企画設計」だ。オフィスと店舗を組み合わせた案はどうですか、2つの建物をつないだ案はどうですか、1階を店舗にして2階から4階をオフィスにするというのはどうでしょう、などと案はいくつか存在する。

BIMによる設計では発注者(クライアント)を始めとする関係者にこの案を3Dのモデルやかんたんな図面で見てもらい議論を進めて設計案を絞り込んでいく。

02 BIMでの企画設計モデルの目的

企画設計の段階におけるBIMモデルの作り方については、本著の姉妹版にあたる『ARCHICAD 21ではじめるBIM設計入門［企画設計編］』で詳しく解説している。BIMという手法を使って企画設計モデルを作る。その具体的な目的を次の3点とした。

目的：

- ゾーニング計画を行う
- 敷地や近隣と比較できる建物ボリュームをつかむ
- 今後の設計の方向性として合意形成を得るためのモデルをつくる

さらに企画設計モデル作成時の具体的なルールを次のように決める。概略の計画を検討するモデルなので白い石こうで作ったようなホワイトボリュームモデルをイメージしている。

① 全体的なボリューム検討のフェーズと考えているので、モデルのマテリアル色の表現は白い石こうでできたモデルのイメージとし、余計な情報を排除する。
② 屋根などの勾配や傾斜はなし。ただし、今後のフェーズで勾配や傾斜が必要になってくる可能性のある部分については、勾配設定のできるツールを使って入力をする。
③ 梁は、外観にあらわれて見えてくるなど、必要なところのみ入力をする。
④ 柱は配置する。
⑤ 床はスラブツールで天井を含んでスラブとして入力、次の基本設計フェーズで躯体スラブと天井に分ける。
⑥ 屋上フェンスについては、詳細なモデル表現ではなく、ボリュームのみ表現する。
⑦ ドアと窓の開口部は表現。ただし枠表現はこの後のフェーズで変化する。
⑧ 主な部屋のみ、室名と面積をゾーンツールで表示する。
⑨ 企画上必要な家具はボリュームのみ入力するが、基本的に入力はおこなわない。
⑩ 外構モデルはホワイト表現。床、スロープなどの勾配は表現しない。

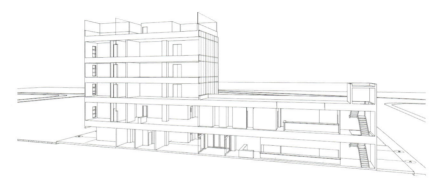

ボリューム表現中心の企画設計モデル

2 合意形成のための基本設計

「基本設計は関係者による合意形成のためにおこなう」という基本設計の意味をしっかりもっておくことが大事だ。作業中も合意形成のためにどこまでのモデリング、どんな図面が必要か考えて作業したい。基本設計の目的とルールをここでしっかり確認しておこう。

01 基本設計とは

建物の骨格となる条件が固まり、建築設計者として専門的な検討を終えた上で建設可能な建物を設計するのが基本設計だ。敷地、周囲の環境、予算の制約、建ぺい率や容積率などの基本的な法規制がクリアされていることや、建築設計者の専門家としての検討が基本設計の中には含まれている。図面もこの基本設計フェーズで最低限必要な平面図、立面図、断面図が作られている。概算の建築工事費もこの時点で把握できる。発注者(オーナー)と設計者がこの基本設計段階で設計内容について合意することになる。図面を含むこれらの要素を基本設計フェーズのBIMがもっていなければいけない。

02　BIMでの基本設計モデルの目的

BIMによる基本設計段階のモデルでは次の項目を決定することを設計目的としている。

目的：

- 意匠・構造・設備の全体的な設計の方向性を決定づけていく
- 基本設計段階での合意形成を得て、次の実施設計フェーズへ進めるためのモデルとして必要十分な内容をもつ

「この建物は実際に建てることが可能です。これで合意して次の段階に進みましょう」と説明して確認することが基本設計の目的である。そのために設計の方向をきちんと決めた上で、次の実施設計に進むための打ち合わせ材料となる。基本設計モデルは次のルールでモデリングする。

① 総合的に設計の方向性をまとめていくフェーズとなるので、モデル表現はカラーとし、デザイン要素を追加していく。
② おもな屋根などは勾配を設定する。
③ 梁とスラブのレベルをある程度正確に入力する。
④ 柱の形状は企画設計モデルのままだが、柱はレベルごとに配置する。
⑤ 床は躯体と天井ボードの2つを入力。天井ふところを表現する。
⑥ 手摺については、デザインの方向性を表現する。
⑦ ドアと窓の開口部を表現する。
⑧ 設備配管スペース(PS)をのぞき、すべての室名と面積をゾーンツールで表示する。
⑨ 家具や衛生陶器は必要な箇所にモデルをレイアウトする。
⑩ 外構モデルはカラー表現。スロープや水勾配は表現する。

梁や家具も正しく表現された基本設計モデル

3 あらゆる詳細を含む実施設計

もっとも手間がかかるのが実施設計フェーズだ。建設のための予算がこの実施設計で確定する。設計者は現場に充分設計意図が伝わるようなモデルと図面を提供しなければいけない。実施設計の目的とルールをしっかり確認しておこう。

01 実施設計とは

基本設計で基本的な設計の内容や予算が合意されるので、続けてデザインや施工について専門的な検討をおこない、より詳細な設計とするのが実施設計だ。大事なのはここでできあがった設計図書一式は工事請負契約書の一部として扱われるということだ。つまりこの段階で設計が施工と結びつくことになる。意匠、構造、設備の設計図とともに工事仕様書、工事費積算書が作成される。建築確認申請を始めとする法的手続きもこの段階の設計でおこなわれる。

02 BIMでの実施設計モデルの目的

BIMによる実施設計段階のモデルでは次の項目を決定することを設計目的としている。

目的：

- 意匠・構造・設備の詳細設計をおこなう
- 意匠・構造・設備の干渉チェックでモデルをつかう

上の「実施設計とは」で述べた施工と結びついた設計、契約に使われる図面を作成するという実施設計としての目的とともに、BIMによる設計では干渉チェックに実施設計モデルが使われるという大きな目的が追加される。実施設計モデルは次のルールでモデリングする。

① 総合的に詳細設計をまとめていくフェーズとなるので、モデル表現は基本設計フェーズ要素に下地要素および支持構造物要素を追加。
② 屋上や屋根などは水勾配とともに側溝も表現。
③ 柱の入力は基本設計フェーズ要素プラス、下地+仕上げ要素を追加。
④ 梁の入力は基本設計フェーズ要素プラス、断熱+下地+仕上げ要素を追加。
⑤ 床の入力は基本設計フェーズ要素プラス、下地+仕上げ要素を追加。
⑥ 手摺は形状および位置、寸法がわかるように入力する。
⑦ ドアと窓の枠表現は縮尺1:50の詳細な表現をおこなう。
⑧ ゾーンは基本設計フェーズ表示内容プラス、床レベル及びスラブ厚を追加入力する。
⑨ 造作家具は各部位をモデリング、衛生陶器関連の付属物要素を追加する。
⑩ 外構モデルは基本設計フェーズ要素プラス、より詳細なモデル要素を追加する。

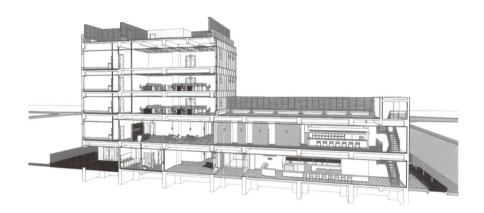

03 実施設計から施工BIMへ

実施設計で詳細なモデルができたのでそのまま施工モデルにできるかといえばそうではない。施工モデルには実施設計モデルにはないさまざまな要素が必要だ。

たとえば躯体には梁の寄りや壁仕上げを考慮した壁厚の設定、躯体増し打ちの設定、スラブレベルの変化と範囲、目地やスリットの位置などの正確なモデルが必要だ。図面も施工用の図面と設計図では寸法の入れ方から異なる。そもそも設計者が考えた建築物に施工者としての知恵が加わると基本寸法すら異なるモデルになることもある。ARCHICADの使い方も同じではない。レイヤーや属性も異なり、実施設計モデルと施工図モデルは別のBIMモデルになることも多い。

設計から施工に1つのモデルを変更しながら使っていくか、施工段階で施工者がモデルを作り直すか、どちらの方法を取るかはゼネコン各社でも統一されていないのが現状だ。

次の図は3Dビューも取り入れたARCHICADによる躯体図だ。図面への2D書き込みで図面をつくるのでなく、躯体モデルとして正確に作成し、それを図面化している。

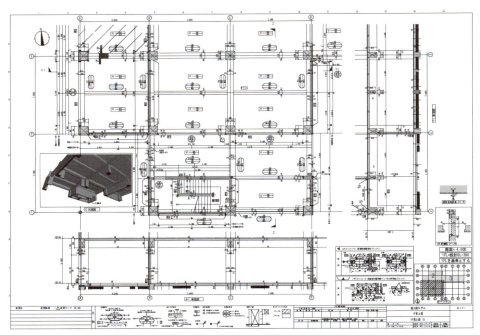

ARCHICADで作られたコンクリート躯体図(『ARCHICADでつくるBIMLABO施工図入門』鹿島出版会より)

4 企画、基本、実施モデルのLOD

筆者らはLOD（Level Of Development 設計のレベル）という考え方で、企画設計、基本設計、実施設計のそれぞれのフェーズで、建築要素ごとにどこまでのモデリングをおこなうか決めることを提案している。それは最低限ここまでは詳しくやっておこうという取り決めでもあるが、逆にモデリングを細かくやり過ぎてコストがかかり過ぎないようにという取り決めでもある。

次ページの表は筆者らが、本書の姉妹版『ARCHICAD 21ではじめるBIM設計入門［企画設計編］』で提案した「要素ごとのLOD」から外部窓の部分を抜粋したものだ。表ではLOD＝100が企画設計、LOD＝200が基本設計、LOD＝300が実施設計となっているが、それらは固定されたものではない。ある物件では基本設計でも窓だけはLOD＝300までモデリングしようと関係者のあいだで決めてもいい。このように発注者（オーナー）を含む関係者のあいだで「要素ごとのLOD」をあらかじめ決めておくと誤解は生まれにくい。たとえば基本設計で作られたLOD＝200のモデルの外部窓で、開口部とガラスの大きさをBIMアプリケーションで測定して議論することは意味がない。LOD＝200のモデルの外部窓は「だいたいの位置、サイズ、個数、タイプ」であると決めているからだ。

B2020　外部窓

LOD	解説	図	設計フェーズ
100	タイプやマテリアルは識別できない壁につく窓。サイズや位置は決定ではない		企画設計
200	だいたいの位置、サイズ、個数、タイプ 単純な1つのコンポーネントとして作成される、もしくは単一のフレームとガラスとだけで表現される窓 基本サイズは表現する		基本設計
300	窓ユニットは決まった位置に基本サイズでモデリングされる 窓枠の外形寸法とガラス部の寸法は3mm程度の誤差以内でモデリングされる 窓の開閉方法が表現される 非グラフィック要素として次の情報をもつ ・外観要素(仕上げ、ガラスタイプ) ・特性(U値、風耐力、防爆性能、構造耐力、空気、温度、水、音) ・機能(ハメ殺し、ケーシング、ダブル・シングル、吊り、オーニング、すべり出し、スライド)		実施設計
350	ラフ開口寸法 壁との取り合い方法(抱き) 壁とのおさまり詳細図		
400	枠の詳細 ガラスの取り付け方法(ガスケット) アタッチメントのコンポーネント		

「要素ごとのLOD」(『ARCHICAD 21ではじめるBIM設計入門[企画設計編]』より一部抜粋)

02 基本設計／実施設計モデルの環境設定

ARCHICADを使って企画設計モデル、基本設計モデル、実施設計モデルとそれぞれの設計フェーズに合わせてモデリングを行なうときに重要なのは環境設定だ。あらかじめモデリング環境を整えておくことで、各設計フェーズのモデリングや図面表現がかんたんになる。
ここではペンセット、ビルディングマテリアル、複合構造という3つのARCHICADの環境設定を取り上げて解説する。また便利な設定ツールの［属性マネージャー］の使い方も紹介する。ここからは付録の「練習用ファイル」→「Ch01」フォルダに収録されている「ARCHICAD BIM ガイドライン_基本設計から実施設計へ.pla」を使う。このファイルの設定を確認しながら解説していく。

1 ペンセット

ペンセットには255のペンカラーが表示され、それぞれ255本のペンに太さを設定できる。カラーやグレースケール、白黒のペンカラーがあり、ペン色の調整を行い、線の太さを割り当て、それらをペンナンバーで管理する。たとえば、ペンナンバーの1番が黒色で線の太さ0.3mmの場合と、赤色で線の太さ0.1mmの場合など、いくつかパターンをペンセットとして保存しておくことで、設計フェーズに応じた図面カラー表現のペンセットを切り替えることができる。ここでは企画設計、基本設計と実施設計のそれぞれの段階で、モデル作成や図面作成で使うペンセットを見てみよう。［ドキュメント］メニューから［ペンセット］→［ペンカラー（モデルビュー）］を選択して、［ペンとカラー（モデルビュー）］ダイアログボックスを開く。

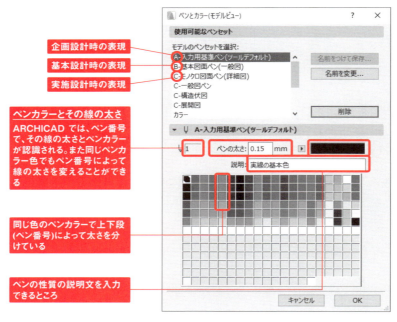

よく使うペンセットの例をあげる。

A-入力用基準ペン　　　企画設計で使うペンセットだ。入力時に使いやすいように、家具や建具など
　　　　　　　　　　　を色分けして表現し、図形の持つ意味を区別している。
B-基本図面ペン　　　　基本設計図面で使うモノクロ図面用の塗りつぶしや細線のグレーを含め
　　　　　　　　　　　たペンセット。
C-モノクロ図面ペン　　実施設計図面でカラーでなくモノクロ出力として利用するときのペン設定、
　　　　　　　　　　　ペン番号別に太さを変えて図面にメリハリを持たせるようにしている。

2　ビルディングマテリアル

ビルディングマテリアルとは建築要素で使う材料のことだ。その種類ごとに切断塗りつぶしや交差の優先度、材質、物理的特性を組み合わせて設定できる。企画設計では建物ボリュームをつかむフェーズなのでホワイトカラーで表現し、余計な情報を設定しないよう、基本的なビルディングマテリアルとして3つだけ設定していた。基本設計では建物の概略を決めていくフェーズとして、躯体と部位ごとに内外の仕上げを設定していく。実施設計では、より詳細な設計をまとめていくために、基本設計フェーズに引き続き、下地関連や断熱等、複合構造の詳細図表現において必要になる材料をすべて追加する。[オプション]メニューから[属性設定]→[ビルディングマテリアル]を選択して、[ビルディングマテリアル]ダイアログボックスを開く。

01　ビルディングマテリアルで必要な4つの設定

ビルディングマテリアルでは次の4つの設定を1つの材料にまとめて設定する。各ツールを使ってモデルを作成するときに、このビルディングマテリアルを指定する。

① 材質(テクスチャ)
入力した建物を現実的な表示にするテクスチャでの表現と表面の塗りつぶしを設定する。[オプション]メニューから[属性設定]→[材質]で設定されたARCHICADの材質から選択する。

② 切断塗りつぶし
壁/スラブ/梁/柱/屋根/シェル/モルフ/メッシュは切断面の塗りつぶしの表現を設定できる。

③ 交差の優先度
交差の優先度は包絡の優先順位を決めるのに使われ、弱(最小0)から強(最大999)までの数値で表現される。交差する要素で優先度が同じ場合は包絡し、異なる場合は優先度が高い要素が前面に表示される。

④ 熱伝導率、密度、比熱などの物理的特性
　エネルギー計算で使用する建築物の材質情報(熱伝導率、密度、比熱容量、内包エネルギー、内包炭素)を設定する

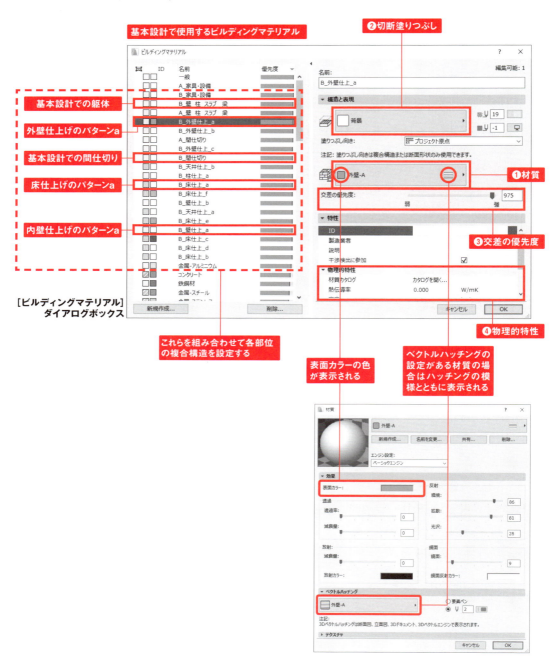

02 実施設計のビルディングマテリアル

ビルディングマテリアルの[交差の優先度]という重なりの順番を設定する機能を使えば、建物を構成する建築要素の細かな納まりを表現することができる。たとえば、外壁内側の断熱材と間仕切壁の仕上げ材のビルディングマテリアルが重なっている場合、断熱材を優先して表現するようにする。このように[交差の優先度]を正しく設定しておいて、実施設計の詳細モデルから図面を切り出せば、2Dツールによる加筆修正が最小限にとどめられる。

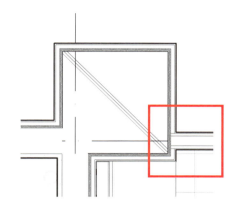

(1)実施設計での属性設定

ビルディングマテリアルは、複合構造の各層を形成する属性だ。実施設計の複合構造については次の項(P.31)で解説をするが、その複合構造の構成も考えて解説をすすめる。

① [オプション]メニューから[属性設定]→[ビルディングマテリアル]を選択して、[ビルディングマテリアル]ダイアログボックスを開く。

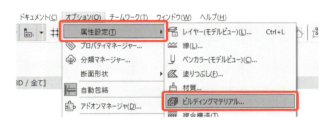

② 実施設計フェーズでのビルディングマテリアルは、基本設計フェーズに引き続き、仕上げや下地、断熱など、実施設計に必要な複合構造の設定で使う要素を追加している。

C_アルミスパンドレル	優先度 840
C_シール	優先度 999
C_家具・設備	優先度 990
C_巾木	優先度 890
C_床下地_空間	優先度 740
C_照明	優先度 190
C_天井下地_LGS	優先度 690
C_壁 柱 スラブ 梁	優先度 980
C_壁下地_GL工法	優先度 580
C_壁下地_LGS	優先度 940

詳細 各部位を示すビルディングマテリアル名の前に実施設計を意味する「C」を頭文字として付け、他のフェーズのビルディングマテリアルと区別している。

また実施設計図面では、壁や床や屋根などの塗りつぶしを材料別に正しく表現するため[構造と表現]パネルから設定しておく。

たとえば、コンクリートの場合は[構造と表現]パネルから[切断塗りつぶし]の種類を[コンクリート構造2]に設定し、三本線のハッチングで表現されるようにしておく。

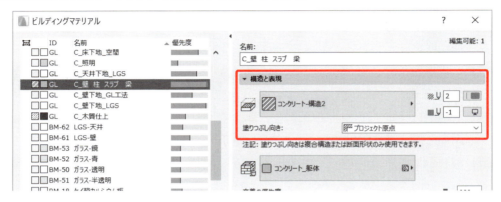

断熱材のグラスウールの場合は[構造と表現]パネルから[切断塗りつぶし]の種類を[断熱材4]に設定し、[塗りつぶし向き]はポップアップより[層に合わせる]を選択しておく。[層に合わせる]を選択するのは、設計の厚みに合わせて塗りつぶしの間隔が表現されるからだ。

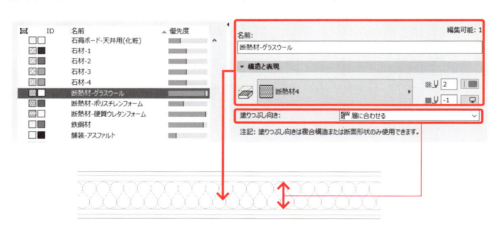

(2) ビルディングマテリアルの[特性]パネル

[ビルディングマテリアル]ダイアログボックスには[特性]パネルがある。本書では、たとえばARCHICADデフォルトにはない新たに追加したビルディングマテリアルには、[特性]パネルの[ID]欄に「GL」(guidelineの略)と記入するルールとしている。また[特性]パネルの[干渉検出に参加]にチェックを入れると、[干渉検出]機能でこのビルディングマテリアルが使えるようになる。[特性]パネルの[物理的特性]では物質が持つ性質の値を設定できる。[材質カタログ]から読み込むか、[熱伝導率][密度][比熱][内包エネルギー][内包炭素]にその値を入力できる。ここで設定した物性値は[デザイン]メニューにある[エネルギー評価機能]の結果に影響する。

(3) ビルディングマテリアルの交差の優先度数値の考え方

次の図は[壁のデフォルト設定]ダイアログボックスでビルディングマテリアルを選択するポップアップの例だ。ポップアップ上部に[交差の優先度]の数値が表示される。これはビルディングマテリアルを選択する設定のあるデザインツールすべてに共通だ。

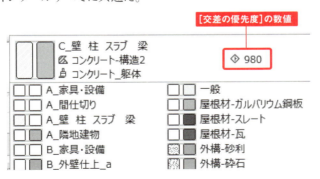

ビルディングマテリアルの[交差の優先度]はとても便利な機能ではあるが、それを活かすための数値をどのように設定すれば良いか悩ましいところだ。先に述べた建築要素が重なったときに[交差の優先度]を使って、実際の納まりをイメージした例を次のページで図解してみた。

【番号台別に分けたビルディングマテリアル図解図】

断面図

- 天井下地系：600番台
- 天井仕上系：200番台
- 壁仕上系：300番台
- 壁下地系：500番台
- 巾木/廻縁系：800番台
- 床仕上系：400番台
- 床下地系：700番台
- 躯体系：980番台

平面図

- 躯体系：980番台
- 断熱材系：950番台
- 壁仕上系：300番台
- 壁下地系（LGS）：940番台

上図の躯体はコンクリート構造なので、壁と床は同じビルディングマテリアルを使うことで、壁と床の間に境界の線を表示させずに包絡できる。断面図では床仕上げを壁仕上げに優先して前面に表示し、平面図では外壁の断熱材を間仕切り壁に優先して前面に表示する納まりとして、ビルディングマテリアルの［交差の優先度］の数値を示したものだ。数値が大きいほど優先度が高く、前面に表示される。ビルディングマテリアルを「躯体」、「床下地系」、「壁下地系」、「天井下地系」、「床仕上系」、「壁仕上系」、「天井仕上系」、「巾木/廻縁系」というカテゴリで大きく分けて、それぞれを次のように100番台ごとにグループ分けをしている。

200番台：天井仕上系	600番台：天井下地系
300番台：壁仕上系	700番台：床下地系
400番台：床仕上系	800番台：巾木/廻縁系
500番台：壁下地系	980番台：躯体系

（4）ビルディングマテリアル一覧表

前ページの考え方をもとに実施設計フェーズの「ビルディングマテリアル一覧表」としてまとめたのが次の表だ。運用上のルールとして、この表にビルディングマテリアルを追加する場合は、各分類ごとに下2ケタで優先度番号を調整することとした。これらの優先度番号と構成要素は、おおまかな目安になるので、プロジェクトごとに調整する必要が出てくるだろう。

※前ページの「断面図」と「平面図」および下の「ビルディングマテリアル一覧表」は、「ARCHICAD BIMガイドライン実施設計演習.pla」のドキュメントの「E_03ビルディングマテリアル設定_②」より抜粋した。

ビルディングマテリアル一覧表			
分類	番号グループ	優先度	構成要素
躯体など切断面で一番前に出てくる要素系	900〜999	999	一般
		990	家具/設備
		980	躯体
		970	間仕切り
		960	ALCなど
		940	内部壁下地（LGS）
		950/930	断熱材
造作部材要素系	800〜899	890	巾木
		880	廻り縁
		840	金属
外部および内部の床下地系	700〜799	790	防水下地系
		780	モルタル
		770	軽量コンクリート
		740	内部床下地
外部および内部の天井下地系	600〜699	690	天井下地（LGS/木軸）
外部および内部の壁下地系	500〜599	590	合板下地系
		580	壁通気層系
外部および内部の床仕上げ系	400〜499	490	各仕上げ系
外部および内部の壁仕上げ系	300〜399	390	各仕上げ系
外部および内部の天井仕上げ系	200〜299	290	各仕上げ系
その他仕上げ系	100〜199	190	各仕上げ系
外構系	0〜99	90	各仕上げ系

3 複合構造

複合構造とは[壁ツール][スラブツール][屋根ツール]および[シェルツール]で利用できる機能で、躯体や仕上げ、下地の層をビルディングマテリアルを使って構成する。層だけではなく、断面線や線種も設定することができる。[オプション]メニューから[属性設定]→[複合構造]を選択して開く、[複合構造]ダイアログボックスで設定をおこなう。

01 基本設計の複合構造

企画設計モデルはボリューム検討のフェーズなので、単層の壁や床などで構成していた。基本設計モデルで設定している複合構造は、躯体と内外の仕上げのシンプルな3層構成で作成されていて、躯体は決定した構造の種類を表現し、内外の仕上げは[材質]で表現している。次の実施設計モデルにつないでいくことを想定し、必要な廊下や階段幅、物の位置やサイズ、あるいは天井高の検討ができるようにだ。以下に基本設計フェーズの[複合構造]設定のポイントを示す。

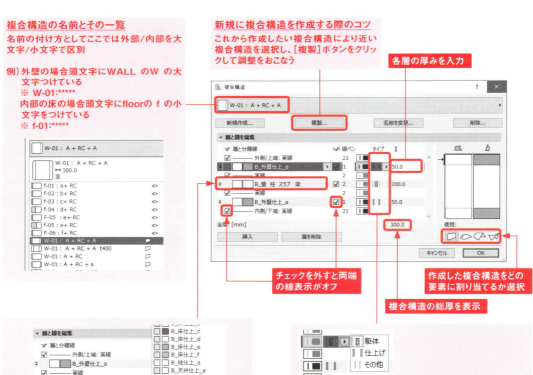

02　実施設計の複合構造

実施設計モデルで設定する複合構造は、躯体と仕上げ（内外）の3層に分けた基本設計フェーズのシンプルな複合構造に、仕上げの下地や通気層などを追加して、平面詳細図や断面詳細図などの詳細図検討に使える複合構造にしていく。ここでは、基本設計で作成した外壁の「W-01:A+RC+a」という複合構造をベースに、実施設計用の外壁「W-01:化粧小幅板型枠仕上げ+RC+断熱+GL+PBt12.5」複合構造を作成する。

① ［オプション］メニューから［属性設定］→［複合構造］を選択して、［複合構造］ダイアログボックスを開く。

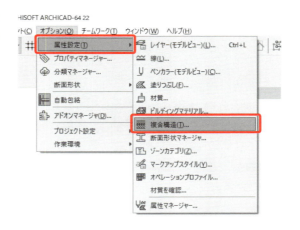

② ［複合構造］ダイアログボックスの［複合構造］ポップアップリストより、基本設計モデルで使用している「W-01:A+RC+a」複合構造を選択する。

③ ［複製］ボタンをクリックして、［複合構造を複製］ダイアログボックスの［名前］に「W-01:化粧小幅板型枠仕上げ+RC+断熱+GL+PBt12.5」と入力して、［OK］ボタンをクリックする。これが実施設計の外壁の複合構造になる。

④ 複製した複合構造は[層と線を編集]パネルで実施設計用の複合構造に編集する。実施設計用に準備しておいたビルディングマテリアルを使いながら、層の間に下地のビルディングマテリアルを追加し、厚みや線、構成要素を変更していく。図のa～fは以下のように設定している。

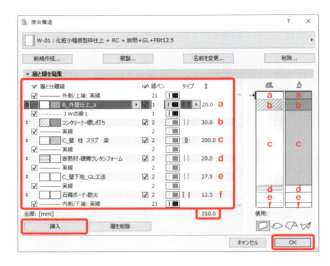

a: 基本設計で「外部仕上げ」として割り当てていたビルディングマテリアル「B_外壁仕上_a」の厚みを「20」と数値入力し直す。線種「実線」、ペン番号「21 0.25mm」、構成要素「仕上げ」とする。

b: ダイアログボックス下の[挿入]ボタンをクリックする。新規に追加したビルディングマテリアルを選択し、ポップアップをクリックして「コンクリート-増し打ち」を選択する。厚みは「30」と入力し、増し打ち表現のため、線種「JW点線1」、ペン番号「2 0.10mm」、構成要素「その他」とする。

c: 基本設計で「躯体」として割り当てていたビルディングマテリアル「B_壁　柱　スラブ　梁」を実施設計用に準備しておいた「C_壁　柱　スラブ　梁」に選択し直して割り当てる。厚みは「200」のままとし、線種「実線」、ペン番号「2　0.10mm」、構成要素「躯体」とする。

d: ダイアログボックス下の[挿入]ボタンをクリックする。新規に追加したビルディングマテリアルを選択し、ポップアップをクリックして「断熱材-硬質ウレタンフォーム」を選択する。厚みは「20」と入力する。線種「実線」、ペン番号「2 0.10mm」、構成要素「その他」とする。

e: ダイアログボックス下の[挿入]ボタンをクリックする。新規に追加したビルディングマテリアルを選択し、ポップアップをクリックして「C_壁下地_GL工法」を選択する。厚みは「27.5」と入力する。線種「実線」、ペン番号「2 0.10mm」、構成要素「その他」とする。

f: 基本設計で「内部仕上げ」として割り当てていたビルディングマテリアル「B_壁仕上_a」を選択し、「石膏ボード-耐火」に割り当て直す。厚みは「12.5」と入力する。線種「実線」、ペン番号「21 0.25mm」、構成要素「仕上げ」、この外壁の複合構造の全体の厚さは「310」となる。

⑤ aの外部仕上げとして割り当てている「B_外壁仕上_a」のビルディングマテリアルは、基本設計フェーズでは外壁仕上げの種類をハッチングで表現したいので、[材質]の属性に「外壁-A」のハッチングパターンを割り当てている。実施設計では外壁仕上げのパターンや品番が決定するので、[オプション]メニューから[属性設定]→[材質]を選択し、開いた[材質]ダイアログボックスの[テクスチャ]パネルで、実際の仕上げの画像を割り当てておく。ここでは[杉小幅板化粧型枠.jpg]を割り当てている。

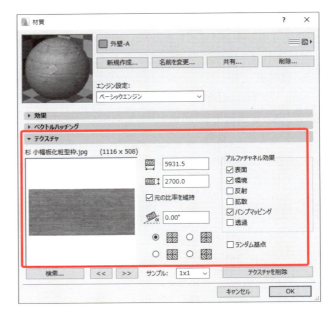

Tips　ビルディングマテリアルは構造種別を意識して

筆者らは基本設計と実施設計のそれぞれフェーズと部位ごとに必要になるであろうビルディングマテリアルを作成した。そして基本設計モデルと実施設計モデルの複合構造にそれらのビルディングマテリアルを割り当てるという作業をおこなった。

3D要素の見えがかりや切断面の表示順序を[交差の優先度]という数値で整えられる画期的な機能を使おうと張り切ってたくさんのビルディングマテリアルを準備してみたが、そもそもRC構造のガイドラインでは、躯体のビルディングマテリアルまで3つの設計フェーズごとに準備する必要はなかった。なぜならRC躯体の場合、床・梁・壁の接合部がきれいに包絡するよう同一のビルディングマテリアルでモデリングをおこない詳細図にすれば良かったからだ。ビルディングマテリアルの特徴は、違う名前のビルディングマテリアルであれば非包絡になるが、同じ名前のビルディングマテリアルの場合はきれいに包絡する。このことから躯体については各設計フェーズを意識してビルディングマテリアルを作成するのではなく、構造種別で詳細図表現を意識してビルディングマテリアルを作成するべきだということだ。鉄骨造や木造は躯体どうしが包絡しない詳細図になるので、躯体部位別のビルディングマテリアルを準備する必要がある。

このように新たに搭載された機能を実務作業と重ね合わせていくことで、必要なこと、不要なことが見えてくる。無駄な作業のように一見思えるが、このような検証作業を繰り返すことによって、より良い環境設定を整えることにつながっていくだろう。

4 属性マネージャーを使う

［属性マネージャー］ダイアログボックスを使えば、現在作業しているファイルと別のファイルとの2つのファイル間で属性のコピーや新規追加、上書き保存、削除などをおこなうことができる。ここでいう属性とは、レイヤー、レイヤーセット、ペンとカラー、ペンセット、線種、塗りつぶし種類、ビルディングマテリアル、複合構造、断面形状、ゾーンカテゴリ、マークアップスタイル、都市、オペレーションプロファイルになる。また、この［属性マネージャー］を使ってテンプレートファイルの属性設定のために［属性マネージャーファイル］を作成したり、現在作業中のファイルに以前作成した属性を追加してモデリングをおこなうこともできる。一般にいろいろなプロジェクトで作業していると属性が増えてしまうので、整理することも必要になってくる。そのタイミングは、プロジェクトの各設計フェーズでの作業が完了し、モデルデータに属性を追加する必要がなくなったタイミングがいいだろう。この作業を繰り返すことによって、わかりやすい［属性マネージャーファイル］になり、自社専用の使いやすいテンプレートファイルへと成長していく。

01 属性マネージャーファイルの作成方法

現在開いているファイルの属性を整理して、属性マネージャーファイルを作成する。

① ［オプション］メニューから［属性設定］→［属性マネージャー］を選択して、［属性マネージャー］ダイアログボックスを開く。

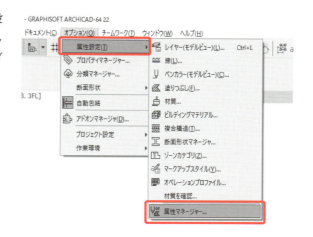

② 上部の[全て]タブを選択すると、左側のリストに、いま作業しているファイルの属性が一覧表示される。左側のリストから[タイプ]のいずれかの属性をクリックし、Ctrl + A キーを押して全選択する。
③ [追加＞＞]ボタンをクリックして、右側のリストに属性を追加する。

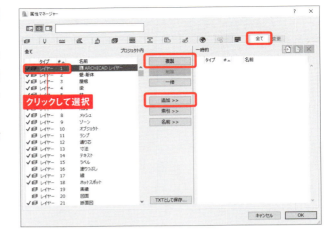

④ 右側のリストで、たとえば実施設計の作業中に増やしたその物件に特化した断面形状やレイヤーなどを削除していくと、整理されたテンプレートファイルが作成できる。属性の削除は中央の[削除]ボタンをクリックしておこなう。
⑤ 属性の整理が完了したら、右上の[エクスポート]ボタンをクリックする。

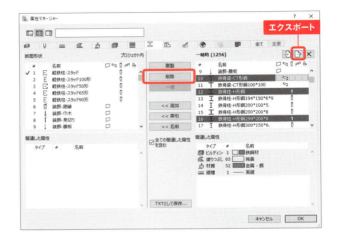

⑥ [名前を付けて保存]ダイアログボックスが表示される。[ファイルの種類]が[XMLファイル(*xml)]になっていることを確認し、保存先のフォルダを指定する。ファイル名を入力し、[保存]ボタンをクリックする。
⑦ [属性マネージャー]ダイアログボックスの[OK]ボタンをクリックして終了する。

02　作成した属性を現在のファイルに追加する

実施設計のモデリングをしていると、別のプロジェクトで作成した属性を使いたくなるときがある。このような場合も[属性マネージャー]ダイアログボックスから使いたい属性を追加し、現在の作業ファイルに読み込んでモデリングすることができる。

① [オプション]メニューから[属性設定]→[属性マネージャー]を選択する。

② [属性マネージャー]ダイアログボックスが開く。右上の[インポート]ボタンをクリックし、使いたい属性があるファイルを読み込む。※練習用ファイルはすでに読み込み済みの状態となっている。

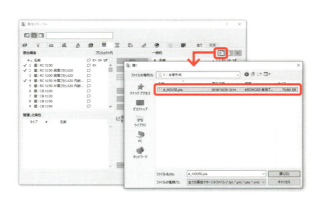

③ [属性マネージャー]ダイアログボックスに戻り、上部のタブ(ここでは[複合構造])をクリックし、複合構造の属性を一覧表示する。

④ 右側の属性一覧から追加したい属性を選択する。複数選択する場合は、2つ目以降を Ctrl キーを押しながらクリックする。中央の[全ての関連した属性を含む]にチェックを入れて、[追加]ボタンをクリックし、左側に表示されている現在のプロジェクトの属性一覧に追加されたら、上部の[変更]タブをクリックする。

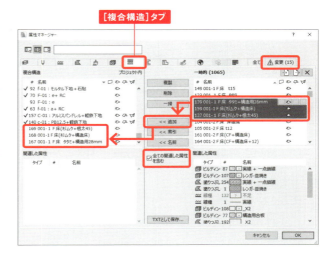

⑤ [変更]のリストが表示されたら[動作]内容を確認する。[新規]は現在のプロジェクトにない属性で、新たに追加する属性という意味だ。

⑥ OKの場合はダイアログボックス右側の[全て適用]ボタンをクリックして確定する。属性を新規に追加もしくは上書きをしたくない場合は、その属性名を選択し、ダイアログボックス右側の[元に戻す]ボタンをクリックする。

03 ［属性マネージャー］で属性を上書きして管理する

［属性マネージャー］の中央にある［索引］と［名前］ボタンを使うと属性の上書き保存ができる。この機能を使って複雑になりがちな属性管理をシンプルにすることができる。その設定を解説する。

① ［属性マネージャー］ダイアログボックスを表示し、中央のボタンを使用して、2つのファイル間の属性を管理する。

- ［追加］→どちらかのファイルのリストに新しい索引番号付きで属性を「追加」する
- ［索引］→どちらかのファイルの同じ索引番号をもつ属性を「上書き」する
- ［名前］→どちらかのファイルの同じ名前をもつ属性を「上書き」する

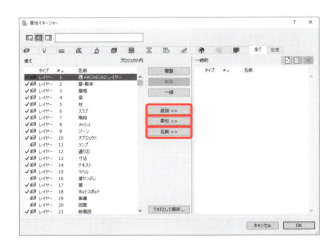

詳細
属性の「上書き」の場合、［変更］のタブの［動作］には［修正］と表示される。

② ［材質］［ビルディングマテリアル］［複合構造］［断面形状］の4種類の属性は、中央にある［全ての関連した属性を含む］にチェックを入れると、それぞれに関連した属性も同時に追加や上書きができる。

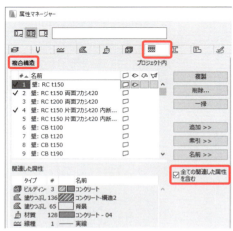

複合構造の例

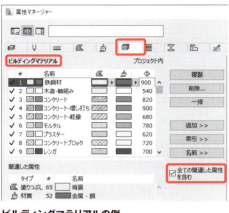

ビルディングマテリアルの例

Tips 改善された[属性マネージャー]ダイアログボックス

ARCHICAD 22から[属性マネージャー]ダイアログボックスで、[材質][ビルディングマテリアル][複合構造][断面形状]のいずれかの属性を選択すると、それに[関連した属性]をリストで表示するようになった。また、編集したい属性の名前もしくはその一部を左上にある検索フィールドに入力し、[検索]ボタンをクリックすると属性の検索ができる。

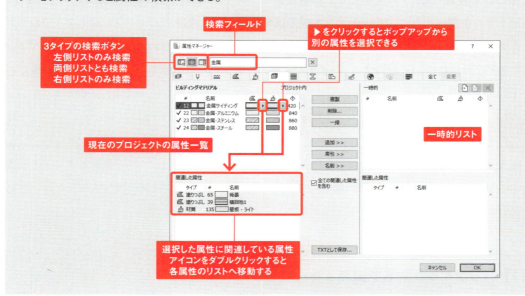

03 企画設計モデルから基本・実施設計モデルに

企画設計で作成したモデルを利用して基本設計モデルを作成し、さらに基本設計モデルから実施設計モデルを作成するというシナリオを本書では想定している。設計のフェーズに応じて1つのモデルを使いまわしていくことを前提に、企画設計から基本設計、基本設計から実施設計に移行するときに必要な操作について解説する。いずれも実際のモデリングや図面作成の前におこなう作業だ。

1 企画設計モデルから基本設計モデルへ

企画設計で作成したモデルから基本設計モデルを作成することを想定して、企画設計モデルに基本設計の作業環境を追加して環境を整えていく。ここでは企画設計から基本設計に移行する際の属性設定とモデル表示オプションの2つの設定のインポートについて解説する。

01 ファイルを別名で保存する

企画設計から基本設計に移行する際は、別名保存をしてから基本設計モデルとして作業をおこなう。別名保存をするのは、企画設計時の建物情報を履歴として、またバックアップデータとして残しておくためだ。

① ARCHICADを起動し、「練習用ファイル」→「Ch01」フォルダにある「ARCHICAD BIM ガイドライン企画設計編.pln」ファイルを開く。

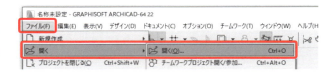

詳細 もし、ライブラリが欠落して「ライブラリロードレポート」というメッセージが表示された時はライブラリマネージャーからロードするライブラリを選択する。[ファイル]→[ライブラリとオブジェクト]→[ライブラリマネージャー]→[追加]から欠落しているオブジェクトを追加する。

② [ファイル]メニューから[名前を付けて保存]を選択し、[プランを保存]ダイアログボックスを開く。ここでは基本設計用のplnファイル「B_基本設計」として名前を付けて保存する。このファイルが以後の基本設計モデルになる。

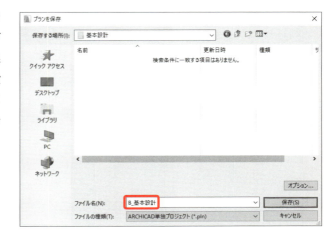

02 属性を追加する

属性マネージャーを開き、基本設計で使用するレイヤー、レイヤーセット、断面形状の3つのを現在のプロジェクトに追加して環境設定を整える。

① [オプション]メニューから[属性設定]→[属性マネージャー]を選択する。

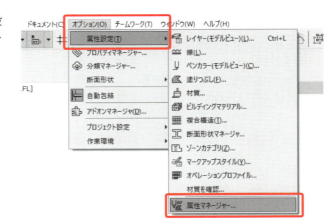

② あらかじめ属性を設定してあるファイルを読み込む。表示された[属性マネージャー]ダイアログボックスで[インポート]ボタンをクリックする。

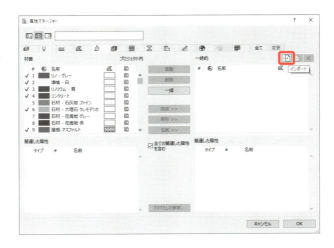

③ [開く]ダイアログボックスが表示される。[ファイルの種類]が[全ての属性マネージャファイル]であることを確認して読み込みたい設定のファイル（ここでは「属性設定_基本設計.aat」）を選択し、[開く]ボタンをクリックする。属性マネージャファイルとしてtpl、pln、pla、aat、xml ファイルを使うことができる。

④ [属性マネージャー]ダイアログボックスに戻る。上部にある[全て]タブを選択する。右側に読み込んだ「属性設定_基本設計.aat」ファイルの内容が表示される。右側の属性一覧からいずれかを選択したあと、Ctrl＋Aキーを押して右側のすべての項目を選択し、[<<追加]ボタンで左側にある現在のプロジェクトの属性一覧に追加する。

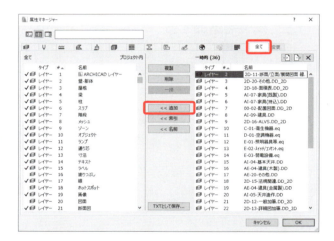

⑤ [変更]タブで変更された項目を表示させる。[動作]欄で「修正」と表示されるのが変更のあった項目、「新規」と表示されるのが追加になった項目だ。[全て適用]ボタンをクリックすると図のような「警告」メッセージが表示されるので[全て適用]ボタンをクリックする。

⑥ [全て]タブを選択すると基本設計用の属性として、レイヤー、レイヤーセット、断面形状の3つの属性が「属性設定_基本設計.aat」ファイルから現在のプロジェクトに追加されたことが確認できる。[OK]ボタンをクリックして[属性マネージャー]ダイアログボックスを閉じる。

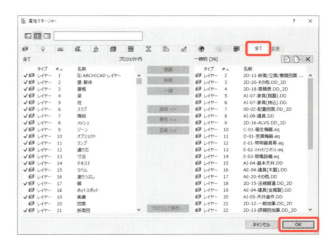

03 基本設計の作業環境を確認

前項で基本設計の属性を追加した結果を確認してみよう。ここでは[レイヤー]を見てみる。

① [ドキュメント]メニューから[レイヤー]→[レイヤー(モデルビュー)]を選択する。

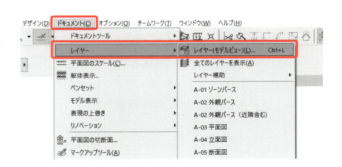

② [レイヤー(モデルビュー)]ダイアログボックスが表示される。レイヤーの[拡張名]には、基本設計フェーズを示す拡張子DDが、レイヤーセットにはBの基本設計用レイヤーセットが追加されていることを確認したら[OK]ボタンをクリックしてダイアログボックスを閉じる。

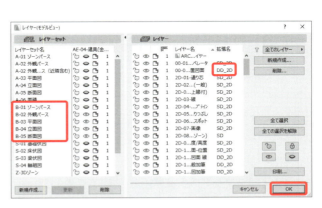

詳細

[断面形状マネージャ]で取り込んだ断面形状「パラペット_①」〜「パラペット_③」が追加されていることも確認しておこう。[オプション]メニューから[断面形状]→[断面形状マネージャ]を選択して[断面形状マネージャ]ダイアログボックスを開き、[断面形状を選択]をクリックして表示されるリストに取り込んだ断面形状が追加されているかを確認する。

04　モデル表示オプションをインポート

モデルから図面を作成するのに必要な[モデル表示オプション]を「B_基本設計.xml」から現在のプロジェクトにインポートする。「モデル表示オプション」には、梁、柱、ドア、窓、天窓、断面図マーカー、カーテンウォール、マークアップ項目とゾーンスタンプの表示を設定する「構造要素オプション」や、「階段オプション」、「日本仕様ライブラリ部品の詳細レベル」などが含まれている。作成したモデルからどのような図面表現を引き出すかを設定するのが[モデル表示オプション]だ。

① [ドキュメント]メニューから[モデル表示]→[モデル表示オプション]を選択する。

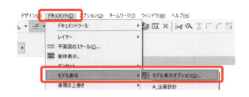

② [モデル表示オプション]ダイアログボックスが開く。[インポート]ボタンをクリックし、[ファイルを開く]ダイアログボックスを開く。基本設計用のモデル表示(ここでは「B_基本設計.xml」)を選択し、[開く]ボタンをクリックすると基本設計用のモデル表示がインポートされる。

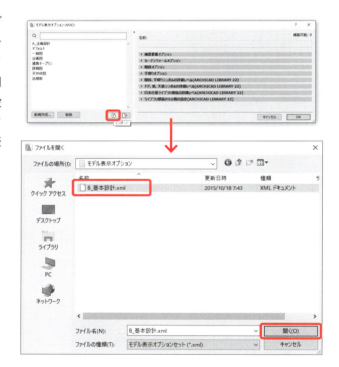

③ ダイアログボックスの左側に追加された「B_基本設計」のモデル表示オプションを選択して、内容を確認する。

④ [日本仕様ライブラリ部品の詳細レベル（ARCHICAD LIBRARY22）]パネルを展開して「A_企画設計」との違いを確認したら[OK]ボタンをクリックしてダイアログボックスを閉じる。

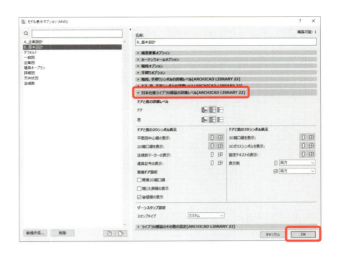

2 基本設計モデルから実施設計モデルへ

実務の設計フェーズを進行していく中で、BIMモデルも設計フェーズに応じて建物に必要な設計情報を追加したり、実施設計のための詳細表現に切り替えたりして、目的の図面にしていく。このように、1つのBIMモデルデータでシームレスに建物情報を引き継げるので、設計作業の効率化を図ることができる。ここでは、基本設計フェーズから実施設計フェーズへBIMモデルを引き継ぎ、整えていく流れを解説する。

01 モデル移行の手順

下記①②と③の[モデル表示オプション]についてはこれまでに解説していて、⑤についてはP.53で解説する。ここでは④の一括して[ビューを保存]する方法を次でとりあげる。

① [ファイル]メニューの[名前を付けて保存]で、基本設計ファイルを実施設計ファイルとして別名保存する。
② 実施設計用の「属性マネージャーファイル」を読み込む。
③ C_実施設計用の「モデル表示オプション」と「表現の上書き」（P.49）をインポートする。
④ [オーガナイザ]パレットで、[プロジェクト一覧]にある複数の図面を一括して[ビューを保存]し、[ビュー一覧]のリストに登録していく。
⑤ 平面図ウィンドウや断面図ウィンドウから[検索と選択]機能を使って、基本設計モデルの床・壁・天井モデル要素を実施設計用の複合構造に割り当てる。

詳細　「表現の上書き」は、[ドキュメント]メニューの[表現の上書き]→[表現の上書きセット]を選択して開くダイアログボックスの下部にある[インポート]ボタンを使ってインポートする。

02　[オーガナイザ]パレットで詳細図ビューを一括保存

意匠の基本設計で必要とされる図面は、主に平面図・立面図・断面図と面積表や仕上表といった建物の全体計画がわかる図面だが、実施設計となると詳細なおさまりが検討された図面も複数必要になるので、ARCHICADで1つずつビュー保存していては手間がかかってしまう。このような場合に[オーガナイザ]パレットを使えば、一度に複数の[ビュー保存]がおこなえて便利だ。ここからは「練習用ファイル」フォルダにある「ARCHICAD BIMガイドライン_基本設計から実施設計へ.pla」を使う。

① ナビゲータパレットの[プロジェクト選択]ボタンをクリックし、[オーガナイザを表示]を選択する。

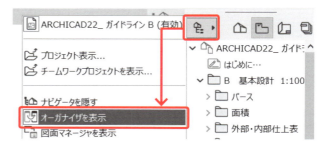

② [オーガナイザ]パレットが開く。左側で[プロジェクト一覧]ボタンをクリックし、右側では[ビュー一覧]ボタンをクリックしてそれぞれの一覧を表示しておく。

③ ビュー一覧のプロジェクト名を選択して[新規フォルダ]ボタンをクリックする。

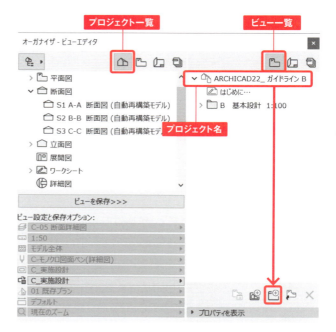

④ [新規フォルダ]ダイアログボックスが表示される。[名前]に「C 実施設計 1:50」と入力し、[OK]ボタンをクリックして実施設計のビューを保存するフォルダを作成する。

⑤ 右側のビュー一覧に作成された「C 実施設計 1:50」フォルダを選択してから、左側のプロジェクト一覧にある「断面図」フォルダを選択する。

⑥ ⑤で選択した[断面図]フォルダ内にあるすべての断面図に対して、下にある[ビュー設定と保存オプション]で次の設定を選択する。

- レイヤーセット「C-05 断面詳細図」
- スケール「1:50」
- 構造表示「モデル全体」
- ペンセット「C-モノクロ図面ペン（詳細図）」
- モデル表示オプション「C_実施設計」
- 表現の上書き「C_実施設計」
- 寸法「デフォルト」

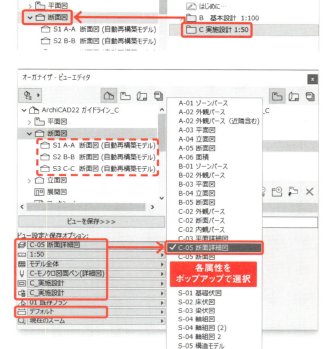

⑦ [ビューを保存＞＞＞]ボタンをクリックすると、右側のビュー一覧の「C 実施設計 1:50」フォルダ内に[断面図]フォルダごとビュー保存される。

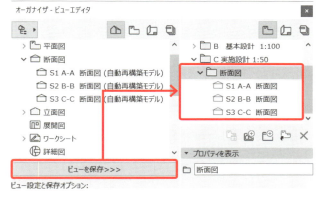

⑧ [プロパティを表示]にある[フォルダ名]や[ビュー名]で名前を「断面図」から「断面詳細図」に変更すればビュー保存は完了だ。

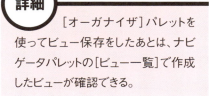

[オーガナイザ]パレットを使ってビュー保存をしたあとは、ナビゲータパレットの[ビュー一覧]で作成したビューが確認できる。

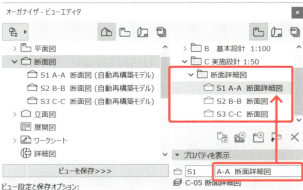

03 ビュー保存した断面詳細図を確認する

前項で断面詳細図を作成するために、[オーガナイザ]パレットで属性設定を組み合わせてビュー保存をした。ここではその属性設定のうち[スケール]と[モデル表示オプション]と[表現の上書き]の効果を確認してみよう。

① ナビゲータパレットで先ほど作成した「S1A-A断面詳細図」をダブルクリックして、断面図ウィンドウを開く。

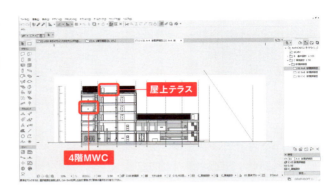

② 事務所棟の4階「MWC(男子用トイレ)」あたりを拡大してみると、基本設計の断面図表現にはない、詳細な窓枠やドアのレバーハンドルが表示されている。これは[モデル表示オプション]の[日本仕様ライブラリ部品の詳細レベル]パネルの[ドアと窓の詳細レベル]表現が、[中間]から[詳細]へと切り替わったことによる図面表現の変化だ。[モデル表示オプション]設定の[日本仕様ライブラリ部品の詳細レベル]パネルについては後の項(P.89)で解説する。

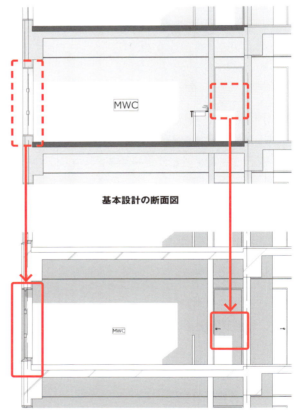

基本設計の断面図

実施設計図用にビューで保存した断面詳細図

③ R階の屋上テラスの床部分を拡大すると、壁や床などの断面の塗りつぶし表現は、[表現の上書き]機能の「B_基本設計」上書きセットによる無地塗りつぶし表現から、「C_実施設計」上書きセットによる切断塗りつぶし表現になっていることが確認できる。このように属性設定をフェーズに応じた表現に切り替えて[ビューを保存]することで、基本設計から実施設計へのシームレスなプロジェクトデータの移行が可能となる。

詳細

[表現の上書き]とは、配置している要素に対して「塗りつぶし」や「線」「材質」などを上書きできる機能だ。「Tips 展開図で家具を点線表示する」(P.106)でも解説している。

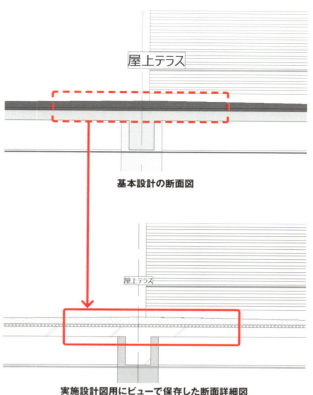

基本設計の断面図

実施設計図用にビューで保存した断面詳細図

04　断面図を「影なし」の設定にする

本書のモデルでは基本設計フェーズの絵的な表現で、建物の中に影を落とす「影あり」の設定で断面図を作成していた。しかし、実施設計フェーズの断面図の検討目的は建物の詳細なおさまりを検討し、図面化することにあるので絵的な表現の影は必要ない。このような場合は[断面図設定]で「影なし」の表現に切り替える。

① 断面図ウィンドウの余白で右クリックして、[断面図設定]を選択する。

② [選択した断面図の設定]ダイアログボックスが開く。[モデル表示]パネルで次のように設定し、[OK]ボタンでダイアログボックスを閉じる。

[太陽光と影]ページ
- [シャドウ]のチェックを外す

[切断要素]ページ
- 切断表面を塗りつぶし「切断塗りつぶし-設定による」
- [切断要素に統一ペン]のチェックを外す

[投影要素]ページ
- 投影表面を塗りつぶし「統一ペンカラー」
- 投影表面ペン「(-1)背景色」
- [非切断要素に統一ペン]にチェック
- 非切断要素ペン「ペン番号2(0.10mm)」
- [ベクトル3Dハッチング]のチェックを外す
- [透過]のチェックを外す

[背景範囲を指定]ページ
- [背景範囲を指定]にチェック
- 投影表面を塗りつぶし「なし」
- [非切断要素に統一ペン]にチェック
- 非切断要素ペン「ペン番号18(0.05mm)」

[切断面境界での要素の輪郭]ページ
- 要素の輪郭を追加「なし」

レイヤー「2D-10-断面/立面-位置.SD_2D」

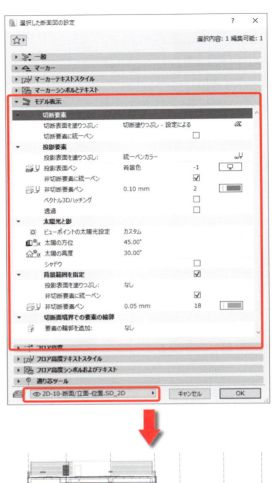

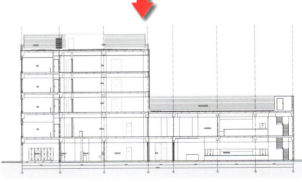

詳細

影の表示/非表示は[太陽光と影]ページにある[シャドウ]のチェックで切り替えられる。ただしここで影なしの設定にした断面詳細図は、基本設計の1:100の断面図ウィンドウから作成しているため、影ありで設定していた元の基本設計の断面図も影なしの設定に切り替わってしまう。影ありの基本設計の断面図を残し、影なしの実施設計の断面図を作成したい場合は、[断面図ツール]で別の断面図ウィンドウを作成する必要がある。

chapter 2
モデルの作成

企画設計モデルではおおまかに建物の形状を表現することが目的であったが、基本設計モデルと実施設計モデルはそうではない。それぞれの設計段階に応じて詳細かつ正確に入力する必要がある。基本設計モデルの入力については、壁を例にとり解説するにとどめ、実施設計モデルで各建築要素の入力方法とARCHICADのテクニックについて詳細に解説する。

01 基本設計モデルの入力

次の図は企画設計モデルと基本設計モデルの断面図を比較したものだ。左が企画設計、右が基本設計の断面図だが床や壁に大きな違いがあることがわかるだろう。ここでは企画設計モデルがすでに作られているとして、その企画設計モデルを利用して基本設計モデルを作成していこう。複数の材料で構成されているという意味で特徴的な壁について解説する。ここでは「練習用ファイル」→「Ch02_Ch03」フォルダに収録されている「第2章01_基本設計モデルの入力.pln」を使用する。

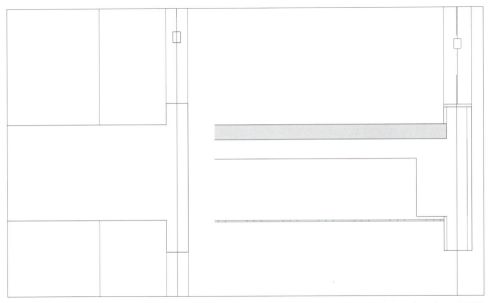

企画設計モデルと基本設計モデルの断面図

1 基本壁から複合構造壁への変更

企画設計モデルで作成した1つの層で構成された外壁を、躯体と仕上げ厚さをもった複合構造へと変更する。この作業をおこなうのに必要な、条件にあった壁を選択する方法や壁の向きが異なる場合の変更設定についてもここで詳しく解説する。

01 条件にあった壁を選択

最初に[検索と選択]で厚さ200の外壁という条件を設定し、該当する壁をまとめて選択する。

① プロジェクト一覧の「1.1FL」フロア
をダブルクリックして表示する。

② 外部に面する壁だけを選択したいの
で、[編集]メニューから[検索と選択]
（もしくは Ctrl + F キー）を選択す
る。

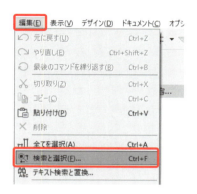

③ [検索と選択]ダイアログボックスが
表示される。平面図ウィンドウから条
件選択で絞り込みたい壁の属性をス
ポイト🖋（ALT キー）で吸い取り選
択条件を設定する。

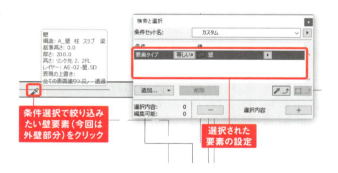

詳細

[検索と選択]では、定義した条件に基づいて要素の選択および選択の解除ができる。あらか
じめ条件（[要素タイプ]、[レイヤー]、[材質]など）を設定して既存の要素をスポイト（ALT キー）で取
得すると、選択した要素で使われている値を利用することもできる。

④ ③で壁であることが条件として設定
されたので、引き続き[追加]ボタンで
レイヤーと厚さを検索条件に追加す
る。ここではレイヤー「AE-02-壁.SD」
の壁で、厚さ「200」という選択条件
とした。右下の[+]ボタンをクリック
して条件に合った壁をまとめて選択
する。

⑤ 平面図ウィンドウで確認するとレイヤー「AE-02-壁.SD」の壁で厚さ「200」という条件に合う壁要素のみが選択されている。

⑥ 屋外階段などの壁には異なる複合構造を割り当てるので一度 Esc キーを押して選択を解除する。

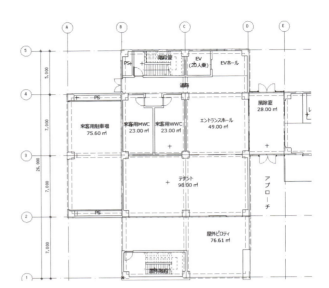

⑦ [矩形選択ツール]で図の範囲を囲うと、開いていた[検索と選択]ダイアログボックスに矩形選択の条件が追加されるので[値]を[全体的に内部]に設定して[+]ボタンをクリックする。これでレイヤー「AE-02-壁.SD」の選択範囲で完全に囲まれた厚さ「200」の壁だけを選択できる。

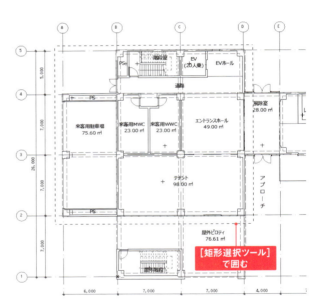

詳細

全体的に内部:矩形選択で完全に囲まれた要素だけを選択
部分的に内部:矩形選択で全体または一部が選択範囲に含まれる要素を選択
部分的に外部:矩形選択で全体または一部が選択範囲に含まれない要素を選択
全体的に外部:矩形選択で完全に囲まれていない要素だけを選択

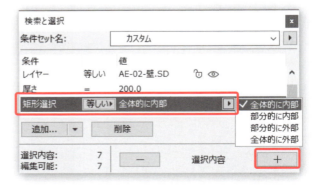

02 複合構造の壁に設定変更

選択している壁の設定画面を開き、1つの層で構成された基本壁から仕上げの層をもった複合構造の壁に設定を変更する。

① 前ページの壁が選択されている状態で情報ボックスの壁[設定ダイアログ]ボタンをクリックして[選択した壁の設定]ダイアログボックスを開く。[複合構造]を選択して複合構造壁を「W-02:B + RC + b」に、基準線設定を[躯体中心]に設定する。この設定はお気に入り「B_壁 外壁（50+200+30）」の名前で登録してある。

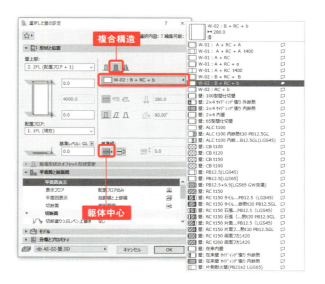

② 仕上げが内外に逆転していた場合は、情報ボックスの[基準線上で壁を反転]ボタンをクリックする。基準線に沿って壁を反転できるので、モデリングする際に壁を入力する方向を気にしなくてもよい。

③ 残りの壁も複合構造もしくは基本壁の設定と基準線設定、基準線オフセットをおこなう。
お気に入り登録名:
※1 B_壁 外壁（50+200+400）
※2 B_壁 外壁（50+200）
※3 B_壁 外壁（850）

2 屋上フロアのパラペットの作成

企画設計モデルでは一般の「壁」として作成された屋上の壁をアゴのついたパラペットへと変更する。壁から断面形状へ変更する方法や、断面形状の編集の方法、垂直ストレッチを設定する方法について解説する。Escキーを押して前ページの壁選択は解除しておく。

01 壁を複合構造に変更

前項の壁を複合構造の壁に変更する方法を使って、屋上の低い壁を複合構造の壁に変更する。

① プロジェクト一覧の「6.RFL」フロアをダブルクリックしてRFLフロアの平面図を表示する。

② ツールボックスの[壁ツール]を選択しておいて[編集]メニューから[壁を全て選択]を選択して（もしくはCtrl+Aキー）屋上フロアの壁をすべて選択する。

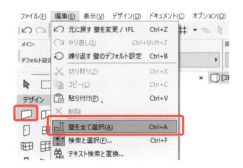

③ 他のフロアと同様に[選択した壁の設定]ダイアログボックスで壁を複合構造壁（W-02:B+RC+B）に変更し、[OK]ボタンでダイアログボックスを閉じる。

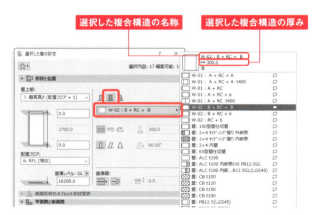

02 断面形状でパラペットを作成

複合構造にした屋上の壁を断面形状として取り込み、アゴ付パラペットに変更する。Esc キーを押して前ページの選択を解除しておく。

① 壁をパラペットに変更するために[検索と選択]ダイアログボックスを表示(P.53)して高さ「1000」の壁を選択する。設定する条件は要素タイプが「壁」、レイヤーが「AE-02-壁.SD」、高さが「1000」だ。「+」ボタンでパラペットにする壁が選択される。

② パラペットの形状を作成するために、[オプション]メニューから[断面形状]→[断面形状マネージャ]を選択する。

③ [断面形状マネージャ]ダイアログボックスが開く。①の手順で壁が選択されていることを確認して[取得]ボタンをクリックする。これで現在の壁の断面をそのまま断面形状として取り込むことができた。

④ 高さ1000の壁が断面形状編集ウィンドウに表示される。塗りつぶし形状を編集しやすくするため、[断面形状マネージャ]ダイアログボックスの[作図レイヤー]の「構造」以外の[目玉]マークをクリックして非表示にする。

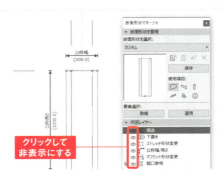

⑤ 中央の躯体の塗りつぶしを[矢印ツール]で選択して右側の辺上❶のあたりでクリックする。表示されたペットパレットの[新規頂点を挿入]を選択する。上部の端点❷へマウスを移動し、キーボードから Y 「230」「-（マイナス）」 Enter と入力すると上部端点から230mm下❸に頂点が追加される。左側も辺上でクリックして、ペットパレットから[新規頂点を挿入]を選択し、❹のあたりにカーソルを置くとカーソル形状が×に変わるのでクリックする。これで2つの頂点❸と❹が断面形状に追加された。

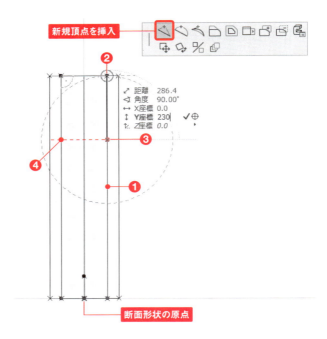

詳細
断面形状の原点の位置が壁の基準線の位置になる。

⑥ 右側上部の分割された辺上をクリックし、ペットパレットから[辺をオフセット]を選択して右方向へ動かし、キーボードから「150」 Enter と入力して150mmオフセットする。左側も同様に上部分割された辺上をクリックし、ペットパレットから[辺をオフセット]を選択して左方向へ動かし、キーボードから「50」 Enter と入力して50mmオフセットする。

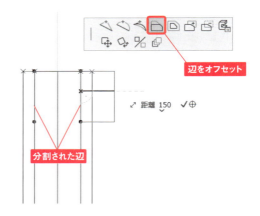

⑦ 右上角の頂点をクリックし、ペットパレットから[頂点を移動]を選択する。下方向にマウスを動かしキーボードから「30」 Enter と入力する。

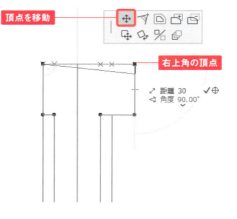

⑧ 左側の仕上げの塗りつぶしを選択して上部の辺上でクリックし、ペットパレットから[辺をオフセット]を選択する。下方向へマウス動かし、キーボードから「230」Enter と入力して230mmオフセットする。右側の仕上げの塗りつぶしも同様の操作をおこなう。

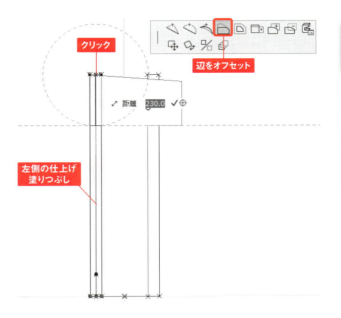

⑨ 躯体部分と仕上げ部分の変更は図面にも反映してくるので、変更した構成要素を確認しておく。中央の塗りつぶしを選択し、構成要素「躯体」となっていることを確認する。同じく左右の塗りつぶしとも選択して構成要素「仕上げ」となっていることを確認する。

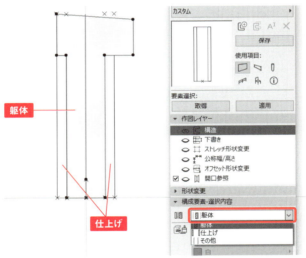

⑩ スナップ点を設定するためツールボックスから[ホットスポットツール]を選択し、図の各頂点でクリックしてホットスポットを追加または移動する。

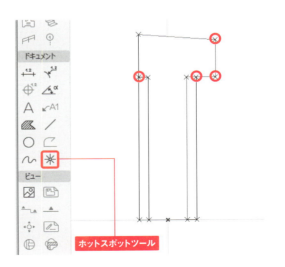

> **詳細**
> 複合構造から断面形状に変更すると、元の図形の四隅にホットスポットが自動的に配置される。ホットスポットの移動は、ホットスポットを選択して右クリックし、[移動とコピー]→[移動]を選択、ホットスポットの中心点（移動の基準点）→移動先の点の順にクリックして移動する。

⑪ [断面形状マネージャ]ダイアログボックスの[保存]ボタンをクリックし、ここでは「パラペット H=1000」と名前を付けて保存する。

⑫ 固定された断面ではなく、高さや「アゴの出」を自由に変更できるようにするには断面形状の「高さストレッチ」を使う。[断面形状マネージャ]ダイアログボックスの[作図レイヤー]の「ストレッチ形状変更」を選択して、[形状変更]の「高さストレッチ」にチェックを入れる。上部に表示されるストレッチを示す破線を図のようなアゴの下に移動する。これでこのパラペットの高さを自由に変更できるようになる。

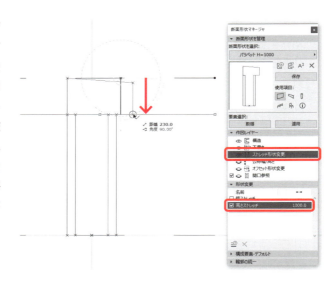

⑬ 次は水平方向の突出寸法（アゴの出）だ。ARCHICAD 22の新機能「パラメータによる形状変更」を使う。[断面形状マネージャ]ダイアログボックスの[作図レイヤー]の「オフセット形状変更」を選択して、[新しい形状変更]ボタンをクリックする。「オフセット形状変更の名前」として「アゴの出」と入力する。

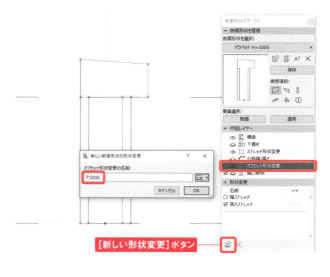

[新しい形状変更]ボタン

⑭ ⊢⊣ボタンでパラメータの間隔を決める。ここでは縦線Aと点(ノード)Bを指示して、この間をパラメータとして自由に変更できるようにした。[適用]ボタンをクリックして作成した断面形状を選択した壁に適用し、[断面形状マネージャ]ダイアログボックスを閉じる。

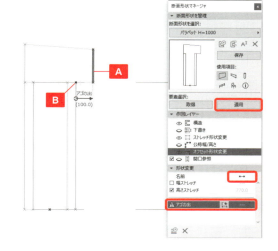

詳細 ARCHICAD 22から登場した断面形状のパラメータによる「形状変更」は、ここでおこなったように辺とノードの間だけでなく、辺と基準点、辺と辺の間にも設定することができる。

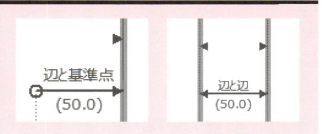

⑮ パラペットの形状を確認する。[矩形選択ツール]をクリックして平面図の半分くらいを囲む。

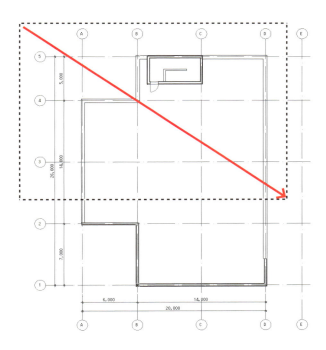

⑯ [F5]キーを押して図のような3D断面を表示させる。パラペットの形状が正しく変更されているか確認する。

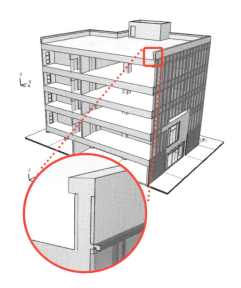

⑰ [選択した壁の設定]ダイアログボックスでパラメータを変更すると、形状が正しく変わるか確認してみる。ここでは壁の「高さ」を「600」と低くし、「アゴの出」を「150」とした。パラペットの形状が変化したことがわかる。[選択した壁の設定]ダイアログボックスだけでなく画面上のマウス操作による形状変更も可能だ。

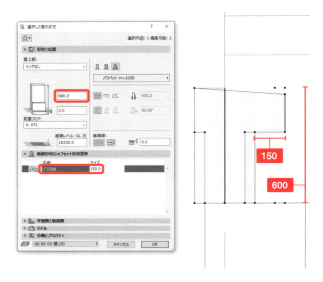

詳細　マウス操作による形状変更は、P.100「手摺の形状をペットパレットで編集する」や、P.121「3Dウィンドウ上で収納扉をモデリング」でもおこなっている。

⑱ 他の壁は断面形状に各パラペットを
すでに登録してあるので、図のように
「断面形状」「基準線オフセット」「材質
上書き」を変更する。向きが異なる場
合は で壁を反転する。

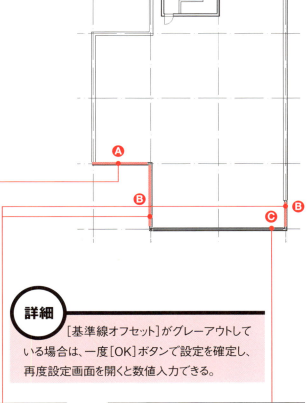

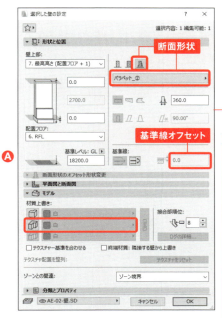

詳細
［基準線オフセット］がグレーアウトしている場合は、一度［OK］ボタンで設定を確定し、再度設定画面を開くと数値入力できる。

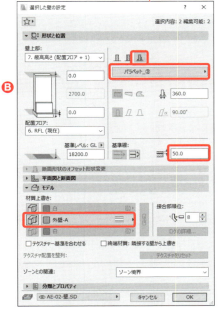

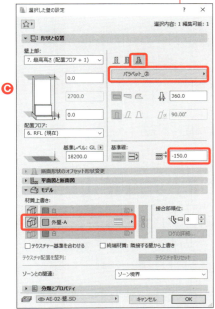

02 実施設計モデルの入力

下の図は外壁の仕上げや外構のデザインが決まった状態でモデリングをした実施設計完成モデルの外観パースだ。実施設計では詳細な意匠モデルを入力し、おさまりの検討などがおこなえる。また、構造モデルを入力したりして、各モデル間での干渉も確認できる。ここからは「練習用ファイル」→「Ch02_Ch03」フォルダに収録されている「ARCHICAD BIMガイドライン実施設計演習.pla」ファイルを開いて各種設定を確認しながら解説をすすめていく。

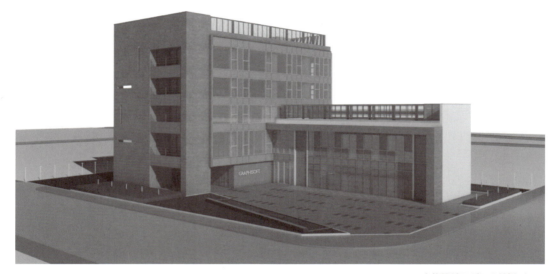

実施設計モデルの外観パース

1 実施設計モデルを整える便利な機能

実施設計モデルへと編集していくために覚えておきたい2つの機能［要素をスラブに調整］［基準線/基準面］と、仕上げ床と躯体床の2つに分けて詳細モデルを作成するテクニックについて解説する。

01 ［要素をスラブに調整］機能を使う

床要素と壁要素の取り合いを詳細にモデル調整するときに使えるのが［要素をスラブに調整］機能だ。おもに断面詳細図を作成するときに使いやすい。基本設計モデルの配置高さをそのまま受け継いでいる躯体壁の下端が「FL±0」、躯体スラブは詳細モデルとして配置高さを調整した「FL-50」のRC造の場合、躯体壁下端を躯体スラブ天端に接合し包絡させる必要がある。このときに［要素をスラブに調整］機能を使う。ただし、どの層が優先して前面に表示されるかという順番は、ビルディングマテリアルの［交差の優先度］が大前提になるので注意が必要だ。ここでは「B-B断面詳細図」の一部を例に解説する。

① ナビゲータパレットの［ビュー一覧］より「演習」フォルダ→「b) 詳細モデルを整える便利な機能」→「B-B_断面：要素をスラブに調整」をダブルクリックして、断面図ウィンドウを開く。

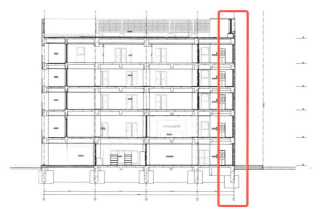

② 5通りにある外壁を各階の躯体スラブ天端とつなぐため、1階から5階までの外壁（ここでは「構造：W-02：モルタル下地の上吹付塗装＋RC＋断熱」の「壁」）5か所と各階の床仕上げ（ここでは「構造：ff02：OAフロアt50（タイルカーペットt7）」の「スラブ」）5か所の複合構造を Shift キーを押しながらまとめて選択をしておく。

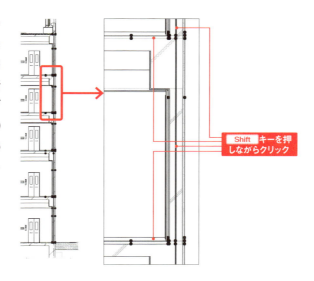

詳細 3階EVホールの床は、P.71の演習のため基本設計時の複合構造にしている。

③ [編集]メニューから[変形]→[要素をスラブに調整]を選択する。

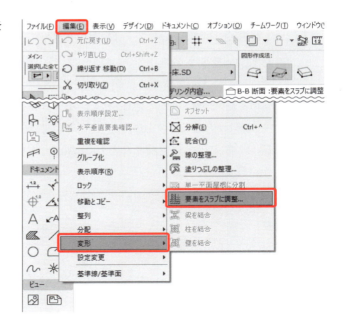

④ [要素をスラブに調整]ダイアログボックスが開く。[検出して選択された要素をスラブに調整]の[上方向の]と[下方向の]のスラブにチェックを入れる。壁の上端および下端とも床仕上げの複合構造の下端につなげるためドロップダウンリストから[下端]を選択し、[OK]ボタンをクリックする。

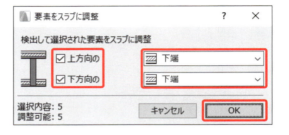

⑤ 正常にモデル調整されれば、[情報]ダイアログボックスが開き、「5/5の要素が正常にスラブに調整されました」というメッセージが表示される。[OK]ボタンをクリックする。

> **詳細**
> 表示される数字は、ここで調整された壁と床の数を表す(ここでは5カ所)。

⑥ ［要素をスラブに調整］が実行され、「FL-50」が下端になった。図は5通り4階の外壁部分。

Tips　図面に加筆か、モデルをつくるか？

たとえば巾木だ。巾木は図面では展開図にその有無を示す1本の線として表示される。巾木の断面は長方形のこともあるし、先端と下部にアールがついた形状のものがある。巾木をARCHICADでモデリングするには、断面を「断面形状」できちんと作図して押し出して壁の下部に配置することになる。そこまできちんとモデリングしなくてもいいとなれば、ドキュメントツールなどを使って展開図に1本の線を加筆すればいい。モデリングと線の加筆、どちらが正解かというのは悩ましい問題だ。

たとえ小さな部材である巾木でもきちんとモデリングして配置するのがBIMだ。そうすればのべ長さも自動で算出できる。巾木の高さが変われば断面形状を変更するだけで一気に変更できる。壁の断面を切れば巾木の断面も見える。

展開図に線の加筆という方法を取ると、壁がなくなっても巾木だけがまだ残って見えるというようなことも起きてしまう。まさに「BIMじゃない」のだ。しかし作業は線を引くだけなのでかんたんだ。早く図面ができあがる。2次元CADで育ったベテランはついこの線の加筆をしてしまう。はじめからBIMで育ってきたフレッシュマンは躊躇なく断面形状づくりを選ぶ。改訂版になった本書でもどちらにすべきという方向は決めていない。作業者のBIMスキルや設計内容によってどちらかを選べばいいだろう。ただし1つの物件で統一した方法ではあるべきだが。

02 [基準線 / 基準面] 機能を使う

基本設計モデルを実施設計モデルの詳細な複合構造に変換していく時、壁の躯体芯の位置は変えずに全体の厚みを変更したい場合は、壁ツールのダイアログボックスの[壁基準線]設定で編集する。壁自体の位置は変えずに基準線位置だけを変更したい場合は[基準線/基準面]の[壁基準線の変更]機能を使う。また、床の配置高さは変えずに、仕上げ上端や躯体上端などの基準面位置を変更する時は[基準線/基準面]の[スラブ基準面の変更]機能で編集をおこなう。このように目的に応じてARCHICADの機能を使い分けるのがコツだ。

(1) 基準線を変えずに壁厚を変更する

① ここでは屋外階段付近の外壁を編集してみる。ナビゲータパレットの[ビュー一覧]より「演習」フォルダ→「b)詳細モデルを整える便利な機能」→「3階平面:壁基準線の変更」をダブルクリックして、平面図ウィンドウを開く。

② B通と2通から1通にかけて配置している外壁を[矢印ツール]で選択し、情報ボックスの壁[設定ダイアログ]ボタンをクリックする。

③ [選択した壁の設定]ダイアログボックスが開く。次のように設定し、[OK]ボタンでダイアログボックスを閉じる。

[形状と位置]パネル
- 複合構造→基本設計の複合構造「W-O1 : A + RC + a」から「W-O1:化粧小幅板型枠仕上げ + RC + 断熱+GL+PBt12.5」に変更
- 基準線位置「躯体中心」

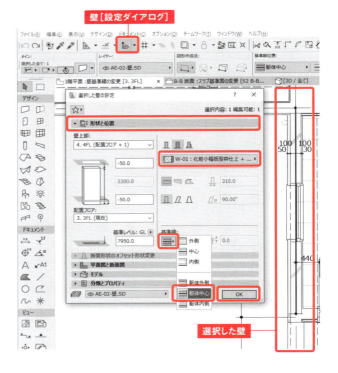

④ この操作で躯体芯位置(基準線)を変えずに、複合構造の壁に変換される。内部の仕上げが30mm大きくなった分、内側への壁厚が大きくなった。

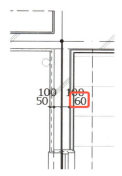

(2)壁厚を変えずに基準線変更や建具の内外反転をする

① さきほど壁厚を変更した壁に垂直に面している屋外階段部分の壁を[矢印ツール]で選択する。

② [編集]メニューから[基準線/基準面]→[壁基準線の変更]を選択する。

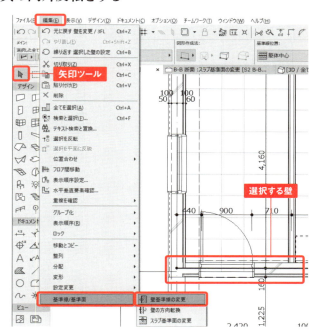

③ [壁の修正-基準線]ダイアログボックスが開く。次のように設定し、[OK]ボタンでダイアログボックスを閉じると壁や建具が反転する。
- [位置を保持して壁を反転]にチェック
- [壁にあるドアと窓を反転]にチェック
- [基準線の位置を編集]にチェックを入れ、[躯体中心]を選択

(3) 床の配置高さを変えずに躯体面の配置高さを変更する

① ここでは2階貸会議室の床を編集する。ナビゲータパレットの[ビュー一覧]より「演習」フォルダ→「b)詳細モデルを整える便利な機能」→「B-B 断面：スラブ基準面の変更」をダブルクリックして、断面図ウィンドウを開く。

詳細 練習用ファイルでは2階貸会議室の床を仕上床と躯体が一体になった複合構造にしている。

② 2階貸会議室の床を[矢印ツール]で選択し、[編集]メニューから[基準線/基準面]→[スラブ基準面の変更]を選択する。

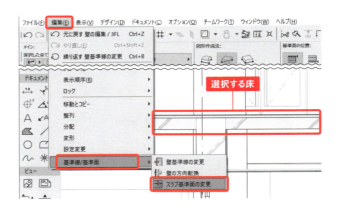

③ [スラブの基準面を変更]ダイアログボックスが開く。[躯体上端]を選択し、[OK]ボタンでダイアログボックスを閉じる。

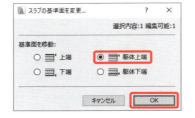

④ 躯体面の配置高さが変更される。[選択したスラブの設定]ダイアログボックスを開き、[形状と位置]パネルにある[配置フロアまでのオフセット]を確認すると「-50」になっている。これは床仕上げの高さはそのまま、躯体天端を「-50」下がった位置で押さえ直したことになる。

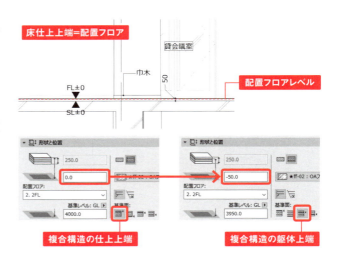

03 仕上げ床と躯体床に分けてモデリング

基本設計モデルから実施設計モデルへの移行にあたって、床のモデル調整についてもう少し解説しておこう。基本設計モデルの床は「仕上げ＋下地」と「躯体」が一体となった1つの複合構造床だ。実施設計モデルは「仕上げ＋下地」の床と「躯体」スラブの2つの複合構造の床を重ねている。

各フェーズには設計の目的があり、それに準じてモデリングをおこなっている。ARCHICADガイドラインでは実施設計で構造図も作成することを目的にしているので、床は仕上げ＋下地の床と躯体スラブに分けている。また部屋ごとに床の仕上げが違ってくる場合が多いので、それに対応するためにも仕上げと躯体は分けてモデリングをおこなっている。とはいえ、一体の床をわざわざ2つに分けるのだから、より簡単に編集をおこないたい。ここでは、断面図ウィンドウ上でその方法を解説する。

① 前項に引き続き「B-B断面：スラブ基準面の変更」を開いて、3階のEVホール付近の画面に移動する。EVホールの床の部分を選択する。

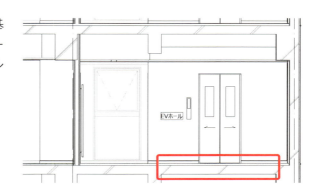

② 床を選択した状態で右クリックして［移動とコピー］→［移動コピー］を選択する。

③ 床天端辺上の任意の点をクリックし、カーソルを垂直に下へ動かす。躯体天端のところで垂直マークになったらクリックすると躯体スラブとする床モデルが元の床に重ねてコピーされる。

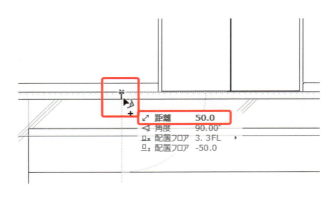

④ コピーした躯体スラブが選択された状態で、情報ボックスからスラブ[設定ダイアログ]ボタンをクリックし、[選択したスラブの設定]ダイアログボックスを開く。

⑤ 躯体スラブとして次のように設定し、[OK]ボタンでダイアログボックスを閉じる。

　[形状と位置]パネル
　● 組立法「基本」
　● ビルディングマテリアル「C_壁　柱　スラブ　梁」
　● 厚み「200」
　● 基準面「上端」
　[モデル]パネル
　● 材質の上書き[上部材質]ボタンをクリックしてオフ

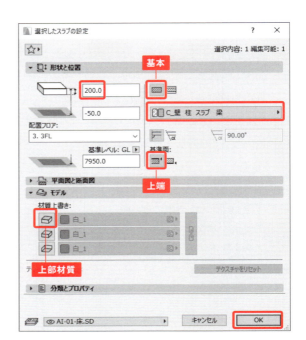

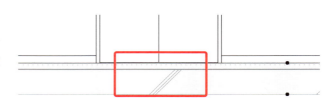

⑥ 元の床を再び選択し、情報ボックスからスラブ[設定ダイアログ]ボタンをクリックし、[選択したスラブの設定]ダイアログボックスを開く。

⑦ 今度は仕上げの床として次のように設定し、[OK]ボタンを選択する。

[形状と位置]パネル
- 組立法「複合構造」
- 複合構造の種類「ff-02：OAフロアt50（タイルカーペットt7）」
- 厚み「50」
  ※複合構造の厚みを自動表示
- 基準面「上端」

[モデル]パネル
- 材質上書き[上部材質]ボタンをクリックしてオン
- 「床材-タイルカーペット」を選択

⑧ 床仕上げ+下地を表現する複合構造に編集され、床を2つに分けてモデリングできる。

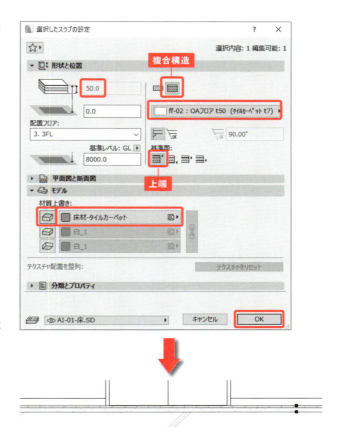

2 フロア高さの変更

基本設計の時はおさまるつもりで階高さを設定していても、実施設計に入り複数の構造梁の梁せい（高さ）が予想以上に大きくなる場合などは階高さの変更が必要になる。このようなケースを想定して、階高さが変更になっても3D要素の高さが追従するよう[フロアリンク]という設定をしておこう。フロアリンク設定があるデザインツールは、[壁ツール][柱ツール][ゾーンツール][階段ツール]になる。それ以外のデザインツールは、それぞれの配置フロアの設定で追従する(P.76)。

01 [フロアの設定]で階高を変更

ここでは例として、5階の会議室の天井高さを確保するために、5階から6階の階高さを変更する。階高の変更は[フロアの設定]ダイアログボックスから編集をおこなう。

① ナビゲータパレットの[ビュー一覧]より「演習」フォルダ→「C）フロアの高さの変更」→「B-B 断面：フロア高さの変更」をダブルクリックして、断面図ウィンドウを開く。

② 表示された断面図の5階会議室を見ると、梁が2か所天井から大きく飛び出し、梁下端の開口高さが低くなっていることが確認できる。この梁を天井懐の中におさめて、開口高さを高く確保する。

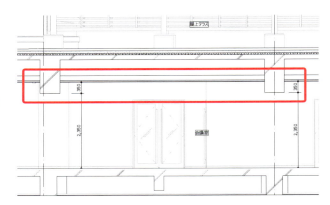

③ [デザイン]メニューから[フロアの設定]を選択する。

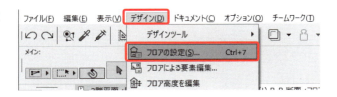

④ [フロアの設定]ダイアログボックスが開く。「5FL」フロアの[階高]を「3600」から「4000」に変更し、[OK]ボタンでダイアログボックスを閉じる。

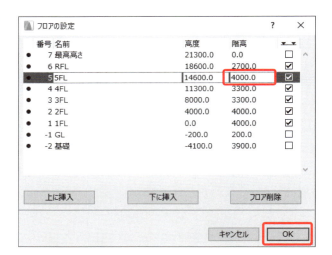

⑤ 階高さが変更される。梁が天井懐の中におさまり、開口高さが高く確保された。これが[フロアリンク機能]の結果だ。その他の壁や柱、屋上の床などのモデルもフロア高さの変更に追従していることが確認できる。

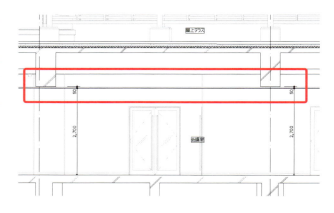

02 階高の変更に追従する要素

前項で、階高を変えると3D要素が自動的に調整された例を紹介した。この時に階高の変更に追従した壁や柱、梁の設定を解説する。

次の断面図は階高さ編集後の5階「外壁」のダイアログボックスだ。[形状と位置]パネルでは[壁上部]が「6.RFL（配置フロア+1）」、壁の[配置フロア]は「5.5FL」に設定されている。これがフロアリンクの設定だ。この間で階高さが変更されても、それに応じて壁の高さを追従させることができる。

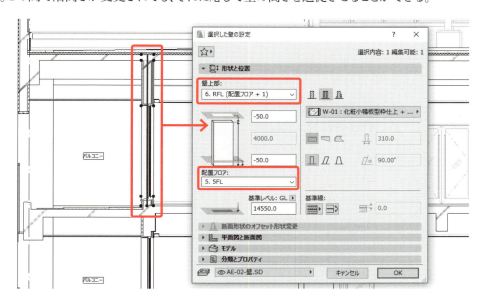

次の平面図は階高さ編集後の5階「構造柱」のダイアログボックスだ。[形状と位置]パネルの[柱上部]は「6.RFL（配置フロア+1）」、[配置フロア]は「5.5FL」で、こちらも上のフロアにリンクする設定になっている。この柱もフロアリンク機能によって高さを追従させることができる。

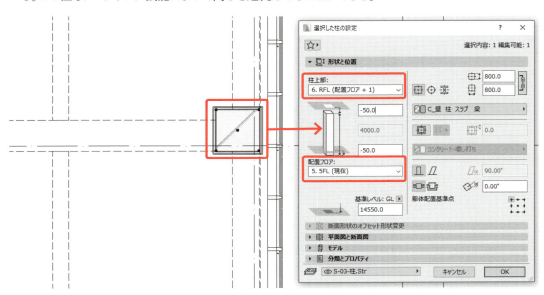

これに対し、組み立て要素である[梁][屋根][シェル][スラブ][メッシュ][モルフ]はフロアリンンク機能をもたない。これらの要素では「配置フロア」と上部のフロアのセットで階高変更に追従させることはできないため、次のような「配置フロア」と「配置位置」で設定する。

図は5階天井にある「構造梁」の設定ダイアログボックスだ。ここでは「配置フロア」を「5FL」ではなく「RFL」とし、「配置位置」をRFLから「-50」とした。この状態で5FLからRFL間の5階の階高を3600mmから4000mmへ変更すると、5階の天井にある「構造梁」の[配置フロア][配置位置]の設定はそのままで、[基準レベル:GL]の数値のみが変更される。その数値は階高の変更前が「18150」、変更後は「18550」になっていて、GLから配置位置が400mm上がっていると同時に、断面図では階高の変更に3D要素(梁)がうまく対応できていることが確認できる。これがフロアリンンク機能をもたない要素を階高変更に追従させるテクニックだ。

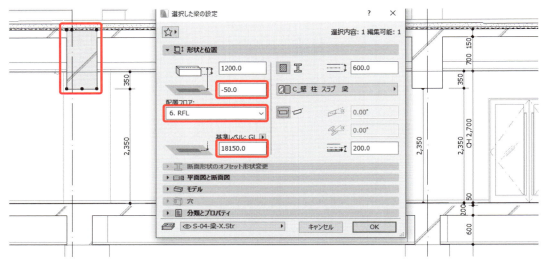

階高変更前(3600mm)

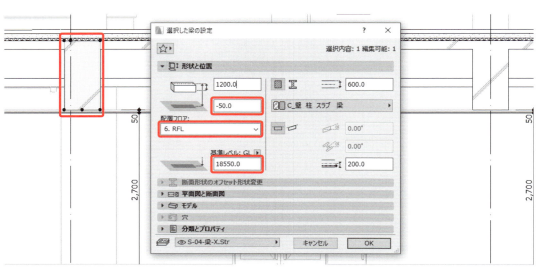

階高変更後(4000mm)

3 柱の壁仕上げを入力

ここからは実施設計の表現として、各部位のモデルはどのデザインツールを使って、どのようにモデリングをおこなっているかを解説する。はじめにコンクリート柱に仕上げ材を追加する方法を、3つの配置パターン別に解説する。

01 ［ラップ方法］で入隅柱に仕上げを追加

［壁ツール］の複合構造壁で設定した仕上げや下地の層を［柱ツール］で作成した柱の表面にぐるっと巻く機能を［ラップ方法］という。柱が壁に接している必要があるが、この機能を使うと、たとえばコンクリート柱の表面に断熱材を自動的に巻いてくれるので、［壁ツール］などで別に断熱材をモデリングする必要がない。［柱ツール］の独自の機能になる。

① ナビゲータパレットの［ビュー一覧］より「演習」フォルダ→「d)実施モデルの入力」→「(1)：柱の壁仕上げ_入隅柱（ラップ方法）」をダブルクリックして、平面図ウィンドウを開く。

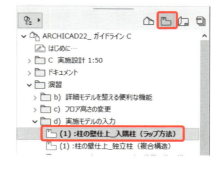

② 3階平面詳細図の屋内階段近くEPS内の入隅柱あたりが拡大表示されている。このコンクリートの柱に［ラップ方法］で直交する2つの壁の断熱材を巻いてみる。

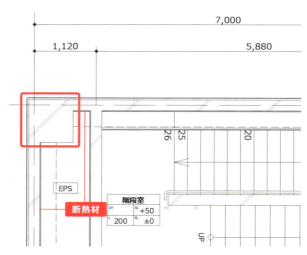

③ [矢印ツール]で入隅柱を選択し、情報ボックスの柱[設定ダイアログ]ボタンをクリックして[選択した柱の設定]ダイアログボックスを開く。設定を確認してみると、[形状と位置]パネルで[非ラップ方法]が選択されている。

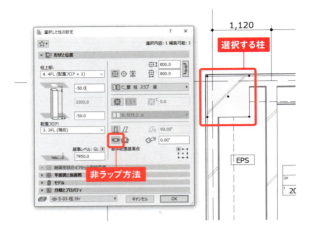

④ [ラップ方法]を選択して、[OK]ボタンでダイアログボックスを閉じる。

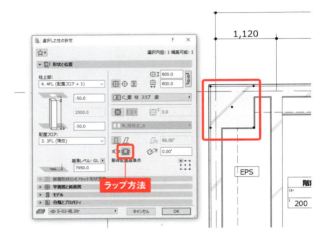

⑤ コンクリート柱に直交する外壁2か所からコンクリート柱に断熱材が巻かれる。躯体柱の廻りを[複合構造]で設定した壁下地や壁仕上げで巻いてくれる詳細モデリング方法の1つだ。

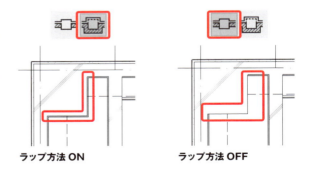

02　複合構造を使って独立柱に仕上げを追加

基本設計モデルで配置した独立柱に、下地と仕上げの層を追加して実施設計モデルにするには、柱の廻りに下地と仕上げの層で構成した[壁ツール]の複合構造を追加する。複合構造の壁でモデリングするメリットは、2層以上の下地と仕上げが詳細にモデリングできることと、躯体柱の高さに依存せず柱廻り仕上げ材の高さを自由に決めてモデリングできることだ。

① ナビゲータパレットの[ビュー一覧]より「演習」フォルダ→「d)実施モデルの入力」→「(1):柱の壁仕上げ_独立柱(複合構造)」をダブルクリックして、平面図ウィンドウを開く。

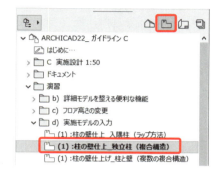

② 3階平面詳細図の「事務所1」の独立したコンクリートの躯体柱あたりが拡大表示されている。

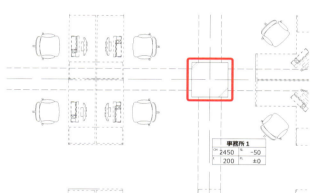

③ [矢印ツール]でコンクリート躯体柱を選択し、情報ボックスの柱[設定ダイアログ]ボタンをクリックして[選択した柱の設定]ダイアログボックスを開く。[非ラップ方法]が選択されていることを確認したら[OK]ボタンをクリックしてダイアログボックスを閉じ、柱の選択を解除しておく。

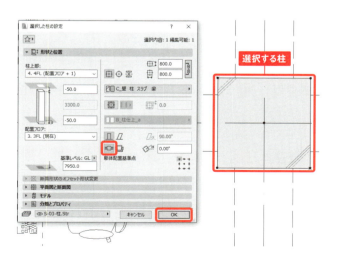

> **詳細** 複合構造の壁と接していない独立した躯体柱は、[ラップ方法]の設定が使えない。このような場合は、壁の下地や仕上げを[複合構造]設定で作成しておき、[壁ツール]で躯体柱廻りをぐるっと囲んでモデリングをおこなう。ここではあらかじめ作成しておいた複合構造壁を使って解説する。

④ ツールボックス[壁ツール]をダブルクリックし、[壁のデフォルト設定]ダイアログボックスを開く。

⑤ 次のように設定し、[OK]ボタンでダイアログボックスを閉じる。

[形状と位置]パネル
- 壁上部「4.4FL(配置フロア+1)」、上部リンクされたフロアまでオフセット「-850」
- 配置フロア「3.3FL(現在)」、配置フロアまで下部オフセット「-50」
- 組立法「複合構造」
- 複合構造「ww-03:GL+PBt12.5t40」
- 図形作成法「直線」
- 基準線「内側」、オフセット「0.0」
- レイヤー「AI-03-仕上げ壁.CD」

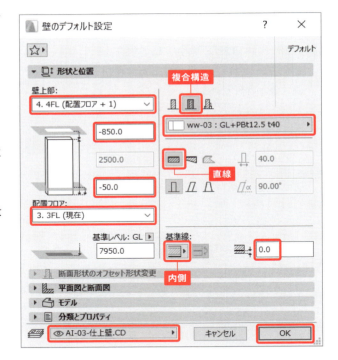

⑥ 情報ボックスで図形作成法の[矩形]ボタンをクリックする。

⑦ 1点目として柱の左上角をクリックし、2点目は柱の右下角でクリックすると、躯体柱の4面に壁の下地と壁仕上げがモデリングされる。

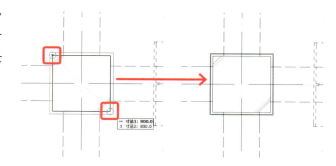

詳細

一部のモデルを選択して F5 キーを押せば、そのモデルのみ3Dウィンドウに表示できるが、画面に現れないときがある。その場合は[クイックオプションバー]にある[ウィンドウに合わせる]ボタンをクリックすれば、3Dウィンドウ内に選択したモデルが表示される。

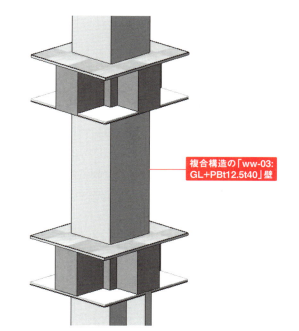

複合構造の「ww-03: GL+PBt12.5t40」壁

⑧ あらかじめ作成しておいた仕上げ壁「ww-03:GL+PBt12.5t40」の複合構造設定を確認してみよう。入力した仕上げ壁を Shift キーを押しながら1つ選択し、右クリックして[選択した複合構造/断面形状を編集]を選択する。

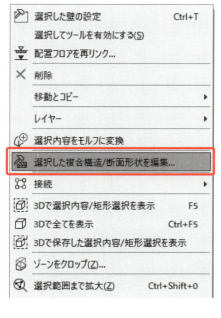

⑨ [複合構造]ダイアログボックスが開く。厚みが「27.5」mmのGL工法の下地の層と、厚みが「12.5」mmの石膏ボードの層の構成を確認したら、[OK]ボタンをクリックする。

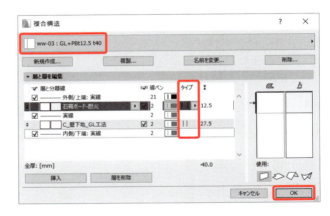

03 ラップ方法と複合構造を組み合わせる

外壁側にある躯体柱は、内部の壁仕上げがちがう2つの部屋にまたがって配置されていることが多い。そのような場合は、前項の2つのモデリング方法を組み合わせて、柱の詳細モデルを作成する。ここではまず躯体柱の室内側に断熱材を巻いてみる。この躯体柱は内部に断熱材の設定をもった複合構造壁と交差しているので、前述のように[ラップ方法]を選択してモデリングする。次に「階段室側」にGL下地のPB貼の壁を複合構造でモデリングする。

① ナビゲータパレットの[ビュー一覧]より「演習」フォルダ→「d) 実施モデルの入力」→「(1):柱の壁仕上げ_柱と壁（複数の複合構造）」をダブルクリックして、平面図ウィンドウを開く。

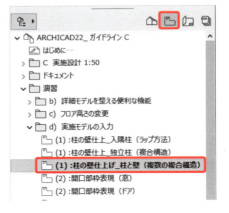

② 3階平面詳細図の「屋内階段室」と「EV」シャフトとの間に配置されたコンクリート躯体柱のあたりが拡大表示されている。

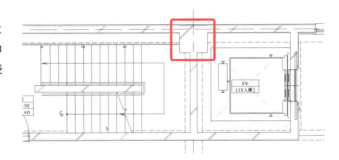

③ [矢印ツール]でこの躯体柱を選択し、情報ボックスの柱[設定ダイアログ]ボタンをクリックして[選択した柱の設定]ダイアログボックスを開く。[形状と位置]パネルの[ラップ方法]を選択し、[OK]ボタンでダイアログボックスを閉じる。[ラップ方法]で断熱材が巻かれたら、余白でクリックして柱の選択を解除しておく。

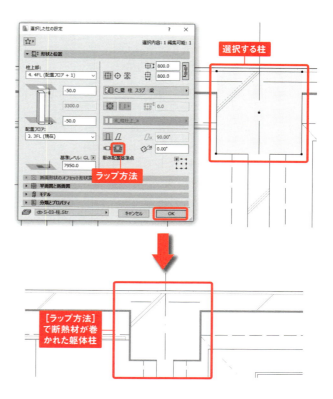

④ 次にツールボックスの[壁ツール]をダブルクリックし、[壁のデフォルト設定]ダイアログボックスを開く。次のように設定し、[OK]ボタンでダイアログボックスを閉じる。

[形状と位置]パネル
- 壁上部「4.4FL（配置フロア+1）」、上部リンクされたフロアまでオフセット「0.0」
- 配置フロア「3.3FL（現在）」、配置フロアまで下部オフセット「0.0」
- 組立法「複合構造」
- 複合構造「ww-03：GL+PBt12.5t40」
- 図形作成法「直線」
- 基準線「外側」、オフセット「0.0」レイヤー「AI-03-仕上げ壁.CD」

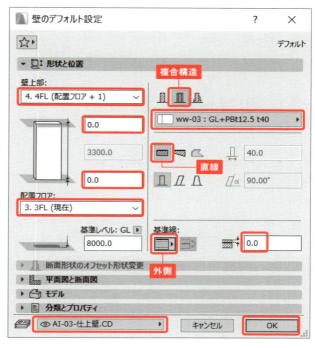

⑤ 情報ボックスで図形作成法の[連続]ボタンをクリックする。

⑥ ここではあらかじめ壁の入隅／出隅部分にホットスポットを配置している。1点目として、階段室の壁に配置している複合構造壁の端点のホットスポットでクリックし、マウスを下へ動かして垂直の参照線を表示しておく。

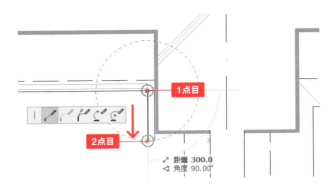

⑦ その参照線をなぞるようにして下へ移動し、2点目として柱左下の出隅部分にあるホットスポットをクリックする。

⑧ マウスを右へ動かし水平の参照線を表示して、その参照線をなぞるようにして右へ移動する。「屋内階段室」と「EV」の間に配置している壁に垂直に当てダブルクリックすると、断熱材が巻かれている躯体柱の2面に壁の下地と壁仕上げがモデリングされる。このように[ラップ方法]と複合構造壁を併用してモデリングすると、より詳細なモデリングが可能だ。

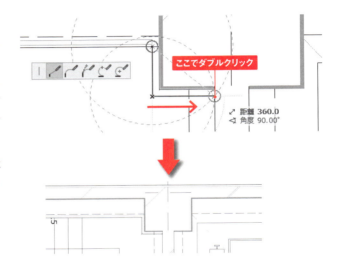

4 開口部枠表現

すでにモデリングされている窓やドアの設定を確認しながら、実施設計で使う開口部枠の詳細表現の設定について解説する。設定は[選択した窓（ドア）の設定]ダイアログボックスの[カスタム設定]パネルでおこなう。

01　[窓ツール]での開口部枠表現

本書のモデルはRC構造なので、RCのサッシ枠の表現で解説を進める。

① ナビゲータパレットの[ビュー一覧]より「演習」フォルダ→「d)実施モデルの入力」→「(2):開口部枠表現(窓)」をダブルクリックして、平面図ウィンドウを開く。

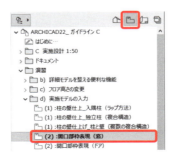

② 3階平面詳細図の「事務室1」と「バルコニー」の出入口になる4枚引違戸のサッシあたりが拡大表示されている。

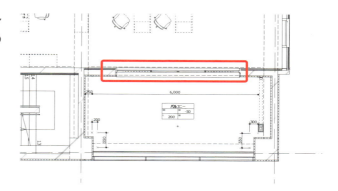

③ [矢印ツール]で4枚引違戸のサッシを選択し、情報ボックスの窓[設定ダイアログ]ボタンをクリックして[選択した窓の設定]ダイアログボックスを開き、設定を確認する。[カスタム設定]パネルの[詳細レベル、2D/3D/断面図表示]タブページを開き、「モデル表示オプションに依存」の選択を確認する。設定のソースは[モデル表示]機能による。

④ [枠と水切り]タブページに切り替える。

- 枠タイプ「タイプ1」※主にRC造の詳細枠表現に適している
- 詳細枠廻りの数値設定「6.枠見込」は「70」mm

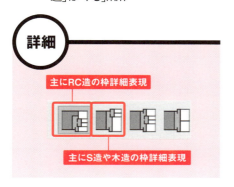

詳細

主にRC造の枠詳細表現

主にS造や木造の枠詳細表現

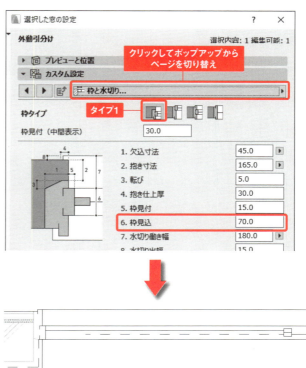

⑤ [断面設定]タブページに切り替える。

- 断面タイプは前ページで選択した[枠タイプ]に依存する。※[1.欠込寸法（上）]や[2.下枠逃げ寸法]、[3.斜傾高さ]に躯体開口寸法をふまえて入力する

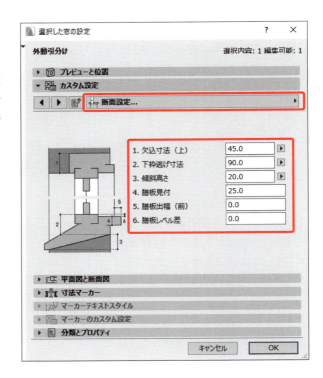

⑥ [建具記号設定]タブページに切り替える。

- [建具記号表示を有効]にチェック
- 建具種類「AW」※開口部の種類を選択。[一覧表]機能の建具表に連動することができる
- 建具番号「301」※任意の建具番号を入力。[一覧表]機能の建具表に連動することができる

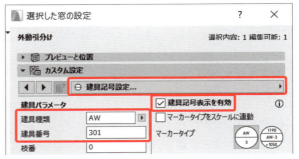

⑦ [法規制マーカー設定]タブページに切り替える

- [法規制マーカー表示を有効]にチェック
- 「防火網入ガラス」を選択※防火設備のガラスの種類を選択。[一覧表]機能で建具表に連動することができる。ポップアップメニューにないガラスの種類は[カスタム]で入力できる

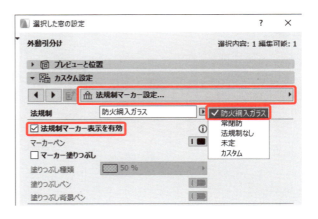

⑧ [モデル属性]タブページに切り替え、[材質]にある次の設定を確認したら、[OK]ボタンをクリックしてダイアログボックスを閉じる。

- 枠「金属-アルミニウム」
- 下枠「金属-アルミニウム」
- 膳板「白_1」
- ガラス「ガラス-青」

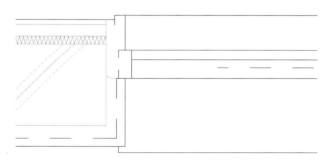

詳細
枠は可動障子の框部分、下枠はサッシの水切り部分、膳板は内部枠（四方枠）部分を指す。

⑨ 実施設計の枠表現を平面詳細図と3D断面で確認してみる。

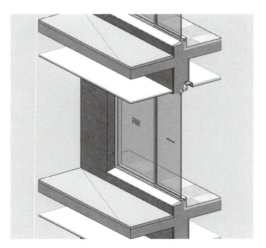

詳細枠表現の平面詳細図

3D 断面・モデル表示オプションは [C_ 実施設計]

Tips 内法寸法と壁開口寸法を切り替える

次の図は、窓に寸法を配置した2つの平面図だ。どちらも同じサイズの窓だが、左は内法寸法、右は開口寸法で表示している。[選択した窓の設定]ダイアログボックスの[カスタム設定]パネルにある[開口寸法]タブページで、この2つの寸法が切り替えられる。「1.内法寸法」ではサッシの可動障子部分の幅と高さをおさえ、「2.壁開口寸法」は躯体壁の開口寸法をおさえる。窓要素を選択すると寸法の基準がそれぞれピンク色の選択節点で表示される。この設定を切り替えることで、意匠で作成した寸法から施工に必要な躯体開口寸法をかんたんに確認できる。ただし、欠込み寸法を[カスタム設定]パネルの[枠と水切り]タブページであらかじめ設定しておかなければならない。

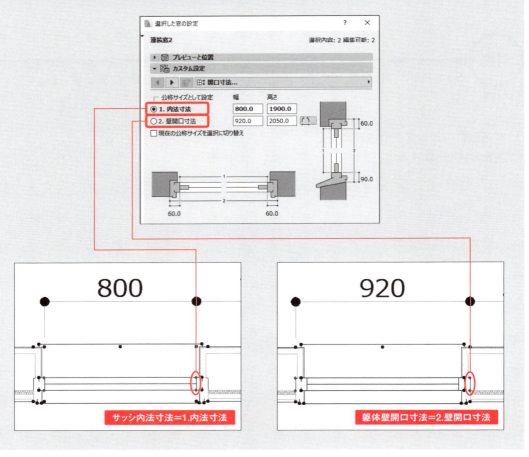

02 ［モデル表示オプションに依存］とは

ドア・窓ツールの［モデル表示オプションに依存］設定について解説する。窓とドアのそれぞれの詳細表現は、［モデル表示オプション］設定の［日本仕様ライブラリ部品の詳細レベル（ARCHICAD LIBRARY 22）］パネルの詳細表現による。これはARCHICAD 18から搭載された設定で、それ以前は、スケールごとに枠の詳細表現を一括して変えていた。たとえば1:200の場合は、壁の中に開口部があるとわかる程度のシンボル、1:100になると枠+開口幅がわかるシンボル、1:50以上になると一気に詳細な枠表現にかわる、という設定が使われていた。この方法を使えばどの作業ウィンドウでも共通の詳細表現になるが、物件の規模が大きい場合は1:100の図面でも詳細な枠表現を求められることがある。このようなときにスケールに関係なく、一括して詳細表現を切り替えられるのが［モデル表示］機能による［モデル表示オプションに依存］設定だ。この設定はさまざまな詳細表現を［モデル表示オプションセット］として保存できるので、［ビューを保存］機能で活用でき便利だ。※MVOとはModel View Option（モデルビューオプション）の略

① ［ドキュメント］メニューから［モデル表示］→［モデル表示オプション］を選択する。

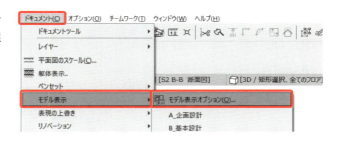

② ［モデル表示オプション(MVO)］ダイアログボックスが開く。あらかじめ本ガイドライン用に準備しておいた［モデル表示オプションセット］の「C_実施設計」と「B_基本設計」のモデル表示をリストの中から選択して、［日本仕様ライブラリ部品の詳細レベル（ARCHICAD LIBRARY 22）］パネル設定を確認してみる。

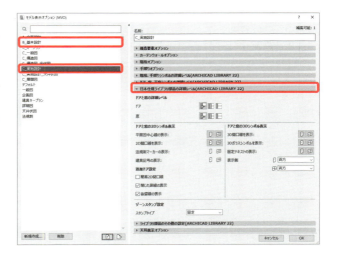

MVO による窓・ドアの枠表現　※各モデル表示オプションセットの枠詳細表現の比較図

フェーズ	窓	ドア
B_基本設計 詳細レベル「枠+開口部」 （モデル表示）	平面図 3D	平面図 3D
C_実施設計 詳細レベル「詳細」 （モデル表示）	平面図 3D	平面図 3D

03 ［ドアツール］での開口部枠表現

次に［ドアツール］で、［モデル表示オプションセット］による［モデル表示オプションに依存］設定を確認してみよう。

① ナビゲータパレットの［ビュー一覧］より「演習」フォルダ→「d) 実施モデルの入力」→「(2)：開口部枠表現（ドア）」をダブルクリックして、平面図ウィンドウを開く。

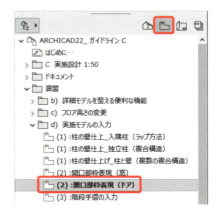

② 3階平面詳細図の通路をはさんで「事務室1」と「給湯室」や「休憩室」に出入りするドアあたりが拡大表示される。［モデル表示オプションセット］は「C_実施設計」で［モデル表示オプションに依存］したドアの平面シンボルだ。ここでは「事務室1」に入る両開き戸を選択する。

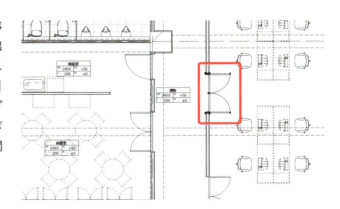

③ 情報ボックスのドア［設定ダイアログ］ボタンをクリックし、［選択したドアの設定］ダイアログボックスを開く。［カスタム設定］パネルの［詳細レベル、2D/3D/断面図表示］タブページで［詳細オプション］が［モデル表示オプションに依存］に設定されていることが確認できる。［OK］ボタンをクリックしてダイアログボックスを閉じる。

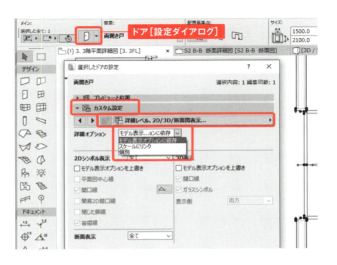

④ 次に作業ウィンドウ下部のクイックオプションバーから[モデル表示オプション]を「C_実施設計」と「B_基本設計」に切り替えて表示すると、表現の違いが確認できる。

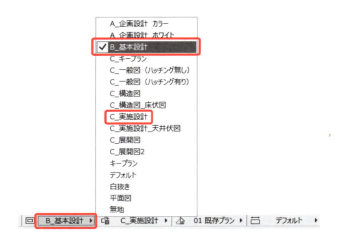

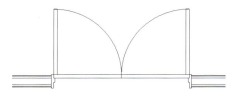
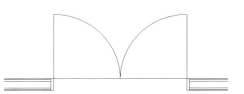

「C_実施設計」平面シンボルと3D断面

「B_基本設計」平面シンボルと3D断面

Tips 複数の重なっている壁に窓／ドアを貫通配置する

VIPサービスのアドオンツールで、複数の重なっている壁に窓やドアを貫通して配置することができる[複数壁を貫通]がARCHICAD 22から提供されるようになった。ユーザー待望の機能だ。これまでは躯体側の複合構造壁に窓やドアのオブジェクトを配置してから、内装側の壁に[単純開口]オブジェクトで壁に穴をあけるという手の込んだモデリングが必要だった。新たな[複数壁を貫通]を使うと、そういった操作が必要なくなる。操作はいたってかんたんで、窓やドアが配置されている壁とその壁に重なっている壁を選択し、[オプション]メニューの[ドア／窓で複数壁を貫通]→[複数壁を貫通]をクリックするだけだ。

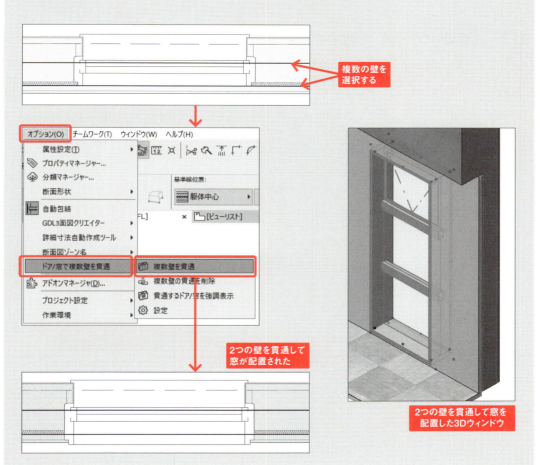

5 階段手摺の入力

ARCHICAD 21から[手摺りツール]が追加された。[手摺りツール]が登場するまではVIPツールの[パイプツール]で階段や吹抜けの手摺をモデリングすることが多かった。VIPユーザーでなくても使える新しい[手摺りツール]は、3Dウィンドウ上で階段の勾配を認識してかんたんに手摺をモデリングできる「マジックワンド」機能をもち、手摺の形状や付属する金物などもフレキシブルに設定できる。従来の[パイプツール]よりはるかに使いやすい。ここでは階段の手摺をモデリングしてから、その設定を確認する流れで解説をおこなう。

01 [手摺りツール]で階段手摺を入力

「マジックワンド」という便利な機能を使って、階段の手摺をモデリングしてみよう。

① ナビゲータパレットの[ビュー一覧]より「演習」フォルダ→「d) 実施モデルの入力」→「(3):階段手摺の入力」をダブルクリックして、平面図ウィンドウを開く。

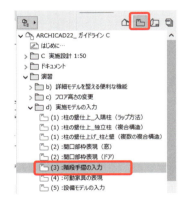

② 3階平面詳細図の屋内階段室あたりが拡大表示されている。中央にある手摺壁に3階から4階へ上がるための階段手摺を追加する。すでに表示されている手摺は2階から3階へ上がる階段の手摺だ。

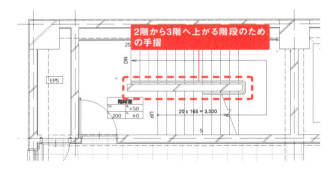

③ 階段を3Dウィンドウで表示するため、ツールボックスで[階段ツール]をクリックしてオンにし、Shiftキーを押しながら3階から4階へ上がる階段をクリックして選択する。

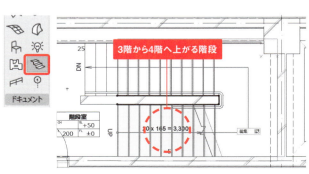

④ キーボードで F5 キーを押すと、選択した階段のみが表示される。

⑤ ツールボックスの[手摺りツール]をダブルクリックし、[手摺りデフォルト設定]ダイアログボックスを開く。

⑥ ここでは、あらかじめ[お気に入り]に登録しておいた手摺の設定を使ってモデリングする。左側のツリーから[手摺り]を選択し、[レールお気に入り]ボタンをクリックしてポップアップを表示する。「C_実施」フォルダにある「C_屋外階段手摺」を選択し、右下の[適用]ボタンをクリックしたら[OK]ボタンでダイアログボックスを閉じる。

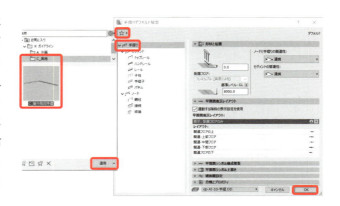

⑦ スペース キーを押しながら階段内側の桁のライン上にカーソルをのせると、設定しておいた手摺の形状が水色の線で参照表示される。桁のライン上の参照表示をクリックすると階段の勾配に合わせて手摺がモデリングされる。これがマジックワンド機能だ。

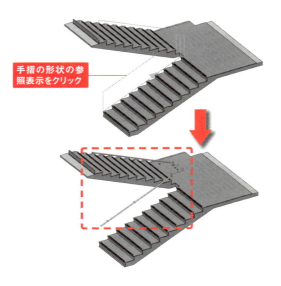

手摺の形状の参照表示をクリック

⑧ 平面図ウィンドウに戻ると、3階から4階へ上がる階段に手摺の2Dシンボルができていることを確認できる。

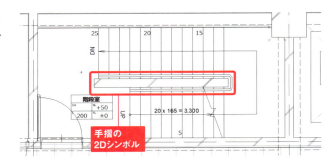

⑨ モデリングした手摺を選択して[選択した手摺りの設定]ダイアログボックスを開く。左側のツリーから[手摺り]を選択して、次の設定を確認する。
[形状と位置]パネル
- 配置フロアまで下部オフセット「0」
- 配置フロア「3.3FL」
- ノードと手摺の関連性「連携」
  ※階段形状の編集に追従する
- セグメントの関連性「連携」
  ※階段形状の編集に追従する

[平面図表示レイアウト]パネル
- 「連動する階段の表示設定を使用」にチェック
- 平面図表示レイアウト「表示:配置フロアのみ」
  レイヤー「AI-10-手摺.DD」

[平面シンボル構成要素]パネル
- 「モデル表示オプションに依存」にチェック

[平面図シンボル上書き]パネル
[シンボル]ページ
- 「オブジェクトペンの上書き」にチェック※チェックを入れるとすべての平面シンボルカラーが1つのカラーで上書きされる
- シンボル線ペン「ペン番号1（0.15mm）」※上書きするペンカラー

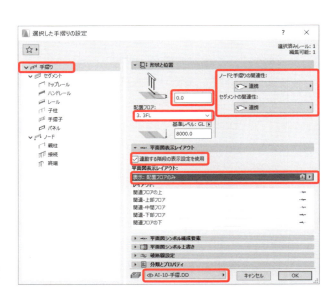

⑩ 左側のツリーから[ハンドレール]を
選択して、次の設定を確認する。
[ハンドレール設定]パネル
- GDLコンポーネントを選択「レール」
- ハンドレール高さ「800」※床または踏面から手摺上端の高さ
- ハンドレールの位置「右側」
- 水平オフセット「70」※手摺の基準線から手摺芯までの距離

[ハンドレール構成要素設定]パネル
[スタイルと寸法]タブページ
- レール形状「丸」
- 断面形状高さ「40」
- 断面形状幅「40」
- レールビルディングマテリアル「木材-1」

[取付け金具]タブページ
- 「取付け金具」にチェック
- 取付け金具タイプ「エルボ」
- レールに対して垂直/常に垂直「常に垂直」、「壁プレート」にチェック、取付け金具断面形状「丸」
- 取付け金具のビルディングマテリアル「金属-ステンレス」
- 取付け金具各部位のサイズ設定

[取付け金具配分]タブページ
- 配置方法「パターン別の配列」
- 「自動レイアウト(ベストフィット)」にチェック
- 取付け金具間隔「900」

⑪ [キャンセル]ボタンをクリックして[選択した手摺りの設定]ダイアログボックスを閉じる。

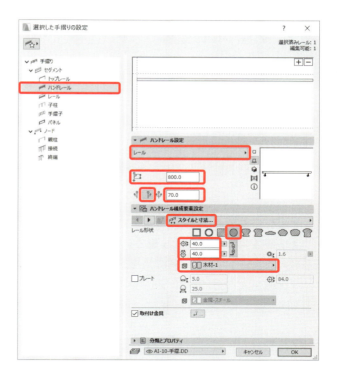

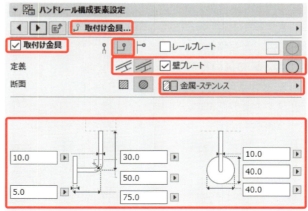

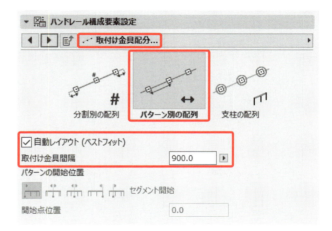

02 階段手摺の編集

配置した手摺を編集する2つの方法をかんたんに解説する。1つは取付け金具のピッチを編集する方法で、もう1つは手摺の形状をペットパレットを使って編集する方法だ。新しい[手摺りツール]は編集も直感的になり操作しやすい。手摺の形状編集は、操作練習のみおこなうため、最後に元に戻す。

(1) 手摺の取付け金具のピッチを編集する

① ナビゲータパレットの[ビュー一覧]より「演習」フォルダ→「d)実施モデルの入力」→「(3):階段手摺の編集」をダブルクリックして、3Dウィンドウを開く。

② 表示した3Dウィンドウは3階と4階の階段と手摺廻りのモデルを表示している。3階の手摺モデルを選択して、表示された[編集]ボタンをクリックすると手摺専用の編集ウィンドウが開く。

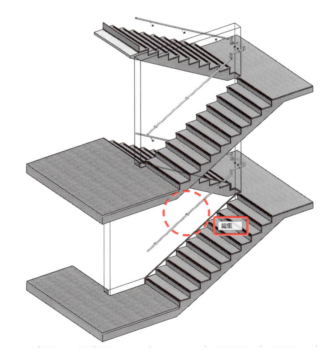

③ 表示した手摺専用の編集ウィンドウで Shift キーを押しながら図の2か所の手摺を選択する。

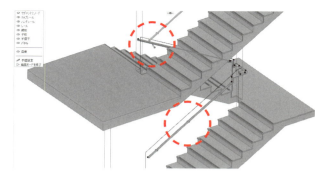

④ 情報ボックスのレール[設定ダイアログ]ボタンをクリックする。

⑤ [レール-ハンドレール選択設定]ダイアログボックスが開く。次のように設定し、[OK]ボタンをクリックしてダイアログボックスを閉じる。
[ハンドレール構成要素設定]パネル
[取付け金具配分]タブページ
- 配置方法「分割別の配列」
- 部分数「3」※手摺全体の分割数
- 下からの終端「100」※手摺端部から1つめの手摺位置

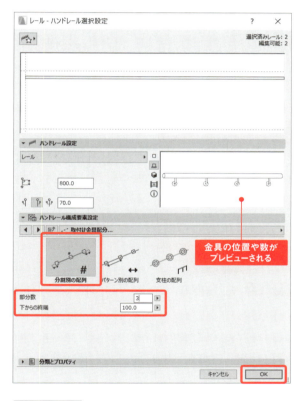

⑥ 一部の手摺の表示が4階に上がる階段でさえぎられ、編集結果がわかりづらいので、表示を切り替える。画面左上のツールボックスで[環境]の目玉マークをクリックして、手摺と取付け金具だけの表示にする。3Dウィンドウ内を回転させて手摺のモデルを見るとよりわかりやすくなる。

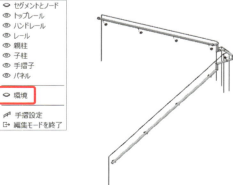

(2) 手摺の形状をペットパレットで編集する

① 画面左上のツールボックスで[セグメントとノード]の目玉マークをクリックしてレールセグメントとレールノードを表示させる。

② レールセグメントは面または水平エッジをクリックするとライトグリーンで表示される部分で、レールノードは垂直エッジをクリックすると黒い節点で表示される部分のことを指す。これらをクリックし、ペットパレットを表示させて編集をおこなう。

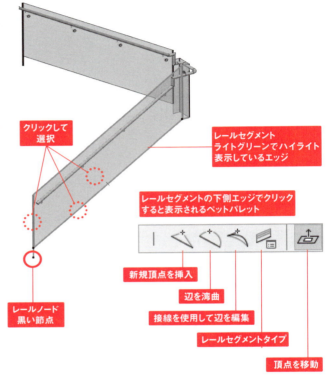

③ レールセグメントを選択し、そのエッジをもう一度クリックしてペットパレットを表示する。[頂点を移動]を選択して垂直上方向にカーソルを動かすと、手摺が垂直上方向に移動する。

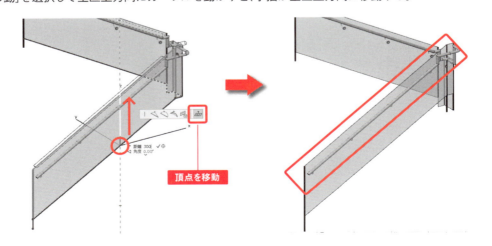

④ レールノードの節点を選択し、その点でもう一度クリックしてペットパレットを表示する。[頂点を移動]を選択して左方向にカーソルを動かすと、スナップガイドが表示される。スナップガイド上の任意の位置でクリックすると、手摺が90度折れ曲がった方向に延長される。

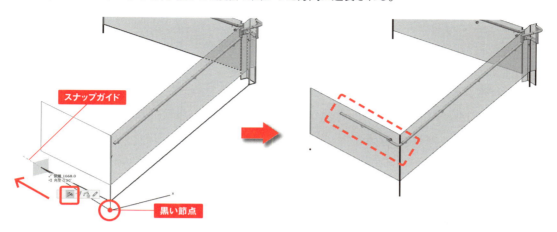

⑤ 手摺の形状編集を確認したら、取付け金具の編集後(P.99)の状態まで戻す。[編集]メニューから[元に戻す ストレッチ/3D]を2回クリックし、画面左上のツールボックスの[編集モードを終了]をクリックする。[編集モードを終了]をクリックすると直前までの編集内容が保存される。

Tips　3Dウィンドウで個別の要素をワイヤーフレーム表示する

[レイヤー(モデルビュー)]ダイアログボックスで[ソリッドモデル]から[ワイヤーフレーム]に切り替えると、そのレイヤーのモデルが3Dウィンドウ上でワイヤーフレーム表示になる。P.98の階段室中央壁はこの方法で表示している。

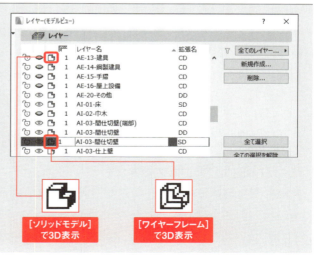

6 可動家具の表現

持ち込みの家具や、建築工事に含まない可動家具などを平面図では点線表示で表現する。このような可動家具などのシンボル表現について解説する。

01 オフィスレイアウトのシンボル表現

ここでは3階にレイアウトしている可動家具を例にあげて、シンボルの線種やペンカラーの設定について解説をおこなう。

① ナビゲータパレットの[ビュー一覧]より「演習」フォルダ→「d)実施モデルの入力」→「(4)：可動家具の表現」をダブルクリックして、平面図ウィンドウを開く。

② 3階平面詳細図の廊下をはさんだ「事務室1」あたりと「休憩室」あたりが拡大表示される。すでにそれぞれの部屋に可動家具が配置されていて、平面図上のシンボルが点線で表現されている。

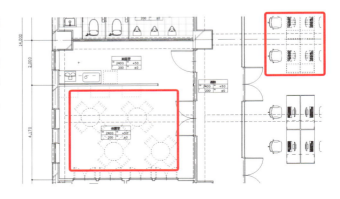

③ 「事務室1」の中で1つだけ簡易な形状で実線表示されたオフィスレイアウトがある。[矢印ツール]でクリックして選択したら、情報ボックスのオブジェクト[設定ダイアログ]ボタンをクリックする。

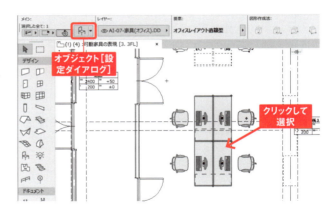

④ [選択したオブジェクトの設定]ダイアログボックスの[オフィスレイアウト設定]パネルの[2D表示]タブページで次のように設定し、[OK]ボタンでダイアログボックスを閉じる。

- 2D詳細レベル「MVOに依存」
- 輪郭ペン「ペン番号61(0.15mm)」
- 塗りつぶし種類「背景」
- 塗りつぶし背景ペン「(-1)背景色」

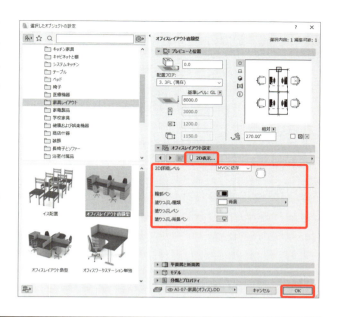

詳細 [塗りつぶし種類]が塗りつぶしのハッチングパターンをもたない「背景」の場合は、[塗りつぶしペン]は塗りつぶし表現に影響しない。ただし自動的にいずれかのペン番号は割り当てられてしまう(ここでは「ペン番号19(0.15mm)」)。[塗りつぶし背景ペン]の「(-1)背景色」は「不透過」を意味するペンカラーで、カラー表現をもたず白色のベタ塗りというイメージ。「表示順序」で前面に表示したい場合に有効なペンカラー設定でもある。

⑤ [平面図と断面図]パネルから[シンボル]ページの設定を開く。

- [オブジェクト線種の上書き]にチェック
- [オブジェクトペンの上書き]にチェックなし
- シンボル線「実線」から「JW点線1」に変更

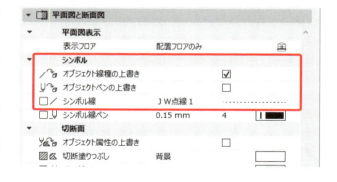

詳細 オブジェクトの設定ダイアログボックスにある[カスタム設定]パネル(上記では[オフィスレイアウト設定]パネル)には線種の設定がない。このため、[平面図と断面図]パネルの[オブジェクト線種の上書き]にチェックを入れ、[シンボル線]を設定する。[オブジェクトペンの上書き]はチェックを外すと、[カスタム設定]パネルの「ペン番号61(0.15mm)」が優先され、[シンボル線ペン]の設定も同様に[カスタム設定]パネルが優先される。このことから[シンボル]ページに表示されたペン番号の設定はいずれにも影響しない。この[シンボル]ページの各「上書き」にチェックを入れることで、[シンボル]ページでおこなった設定が優先される。

| Tips | 2つのパネルで重複する設定について |

ここでオブジェクトの設定ダイアログボックスにある[カスタム設定]パネルと[平面図と断面図]パネルのそれぞれの役割を整理すると、[カスタム設定]は個々のライブラリのパラメータを編集できるパネル、[平面図と断面図]は壁や柱などの組立要素のツールと同様に図面表現を編集するパネルになる。その中の[シンボル]ページには、オブジェクトのパラメータ設定と共通の「線種」と「ペン」設定があり、どちらの設定を優先するかを「上書き」のチェックで選択できる。筆者のこれまでの経験から考えると、各ライブラリのパラメータ設定がすべて共通ではないので、一括して「線種」や「ペン」の編集をする場合は、[平面図と断面図]パネルの[シンボル]ページから設定したほうが編集しやすいのではないかと考えている。

02　テーブルセットのシンボル表現

「休憩室」のグループ化されているテーブルセットオブジェクトのシンボル設定も確認してみよう。

① 「休憩室」にあるテーブルセットのテーブルオブジェクトを選択し、情報ボックスのオブジェクト[設定ダイアログ]ボタンをクリックする。[選択したオブジェクトの設定]ダイアログボックスの[プレビューと位置]パネルにある[プレビューオプション]を[平面]にして確認すると輪郭線が点線表示になっている。これは次の手順③で説明する[シンボル]ページの線種設定によるものだ。

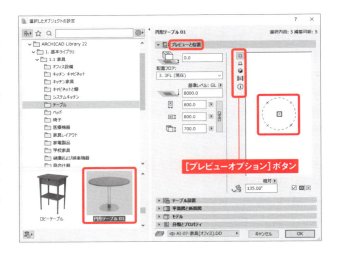

詳細

[プレビューオプション]は[平面][正面][3D][プレビュー画像][情報]の5つがあり、ボタンで切り替えられる。[平面][正面][3D]は[選択したオブジェクトの設定]ダイアログボックスでパラメータを編集すると、プレビューも変化する。[プレビュー画像]は元のオブジェクトファイルに画像を貼り付け直すという編集をしなければ、プレビューは変化しない。

② 次に[テーブル設置]パネルを開き、[定義済テーブルスタイル]タブページに切り替えるとデザインが選べるようになっている。ここでは確認のみで変更はしない。

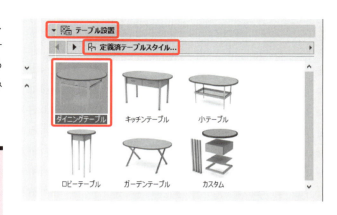

詳細 オブジェクトの[カスタム設定]パネルの名称は、各オブジェクトに特化した名称で表示される。ここでは[テーブル設置]パネルとなっている。

③ [平面図と断面図]パネルから[シンボル]ページの設定を確認する。

- [オブジェクト線種の上書き]にチェック
- [オブジェクトペンの上書き]にチェックなし
- シンボル線「JW点線1」

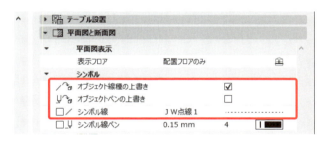

④ [オブジェクトペンの上書き]にチェックを入れて、[シンボル線ペン]をペン番号[255]に変更してみると[オフィスレイアウト]オブジェクトの平面シンボルの線種が点線で、シンボル線ペンが赤色に変更されたのが確認できる。

詳細 休憩室のテーブルセットは、椅子4脚とテーブル1台を「グループ化」したものだ。グループ化しておくといずれかの家具をクリックするだけでテーブルセットとして選択できる。グループ化の設定方法はP.107のTips「[ALT]+[G]でグループの一時解除を繰り返す」を参照されたい。

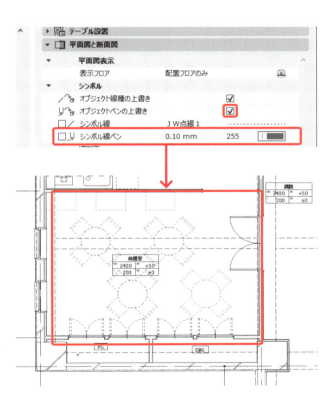

Tips 展開図で家具を点線表示する

本書初版は2015年にARCHICAD 19を対象に出版された。当時は別途工事の家具などの輪郭線を点線表示にしたい場合、平面図ウィンドウでは可能だが展開図ウィンドウではまだできず、将来に期待した解説をしていた。それがARCHICAD 20から追加された[表現の上書き]機能を使えば、実線を点線に上書きして図面表現することができるようになった。

この[表現の上書き]機能を使うには、最初に[ドキュメント]メニューの[表現の上書き]→[表現の上書きルール]を選択し、[表現の上書きルール]ダイアログボックスで要素ごとに上書きのルールを作成しておく。次にそのルールを[表現の上書きセット]に組み込んで登録する。

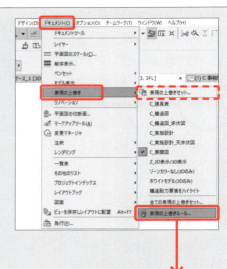

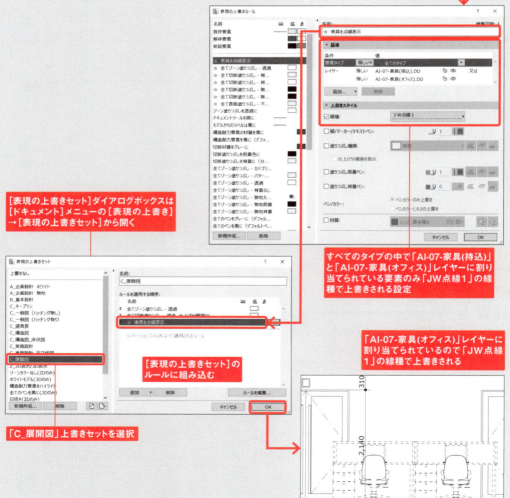

Tips　Alt + G でグループの一時解除を繰り返す

たとえば、椅子4脚と1つのテーブルをセットで配置したオブジェクトを「グループ化」しておくと、選択するときに一括で選択できるので便利だ。グループ化は、[編集]メニューから[グループ化]→[グループ化]を選択する。ショートカットキーは Ctrl + G だ。

また、グループ化の状態は保ちつつ、一時的に1つの椅子だけ編集したい場合は「グループの一時解除」をおこなう。その場合は[編集]メニューから[グループ化]→[グループの一時解除]を選択する。ショートカットキーは Alt + G だ。Alt + G のショートカットキーを繰り返せば[グループの一時解除]と[グループ化]を繰り返すことができる。またツールバーの[グループの一時解除]ボタンでもオン／オフが切り替わる。

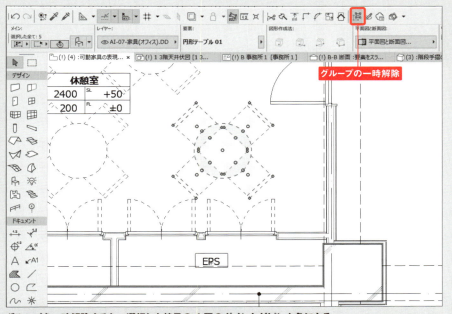

グループを一時解除すると、選択した椅子の4隅のポイントがピンク色になる

7 設備モデルの入力

ここでは3階トイレの設備を例に、各オブジェクトの設定について解説する。設備は次の3つの方法のいずれかでモデリングされている。

- ARCHICADLibraryからモデリング
- 外部からライブラリを読み込んでモデリング
- ARCHICADLibraryと「壁」や「スラブ」の組立要素ツールと組み合わせてモデリング

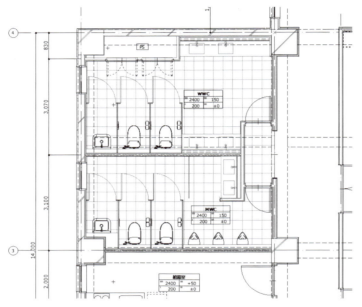

3階平面詳細図の「WWC」(女子便所)と「MWC」(男子便所)

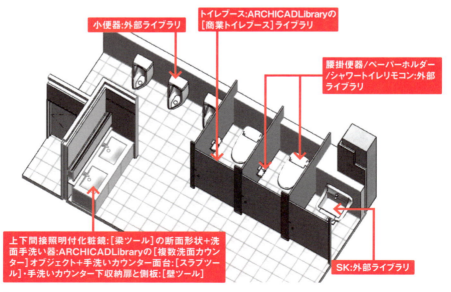

「MWC」(男子便所)を切り取って3Dウィンドウ表示(※衛生機器オブジェクト提供元：Midnight Labo.)

01　ARCHICADLibrary からモデリング

ライブラリ部品は個々で独自のパラメータ設定があり、それを編集することで、1つのライブラリ部品から何パターンものライブラリ部品にすることができる。その一例を解説する。

① ナビゲータパレットの[ビュー一覧]より「演習」フォルダ→「d)実施モデルの入力」→「3D：設備モデルの入力（全体）」をダブルクリックして、3Dウィンドウを開く。

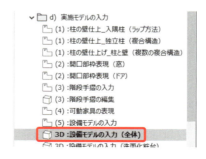

② [矢印ツール]で[商業トイレブース]ライブラリを選択し、情報ボックスのオブジェクト[設定ダイアログ]ボタンをクリックする。[選択したオブジェクトの設定]ダイアログボックスが開いたら、[商業トイレブース設定]パネルを開く。

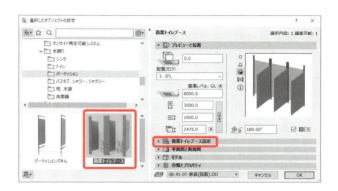

③ [ブース設定-立面]タブページで次の設定を確認する。

- 仕切りタイプ「ブース」
- ブースタイプ「床固定」
- ストール数「3」※ブースの数
- 取付部タイプ「オフ」※便器本体
- ブース各部位の高さ「正面」
  仕切上部高さ「2375」、ドア高さ「2000」、仕切下部高さ「100」、ドア下部「200」、ドア幅「850」、仕切幅ヒンジ側「75」、仕切幅ロック側「75」
- ブース各部位の高さ「側面」、
  仕切高さ「2000」、下部高さ「100」

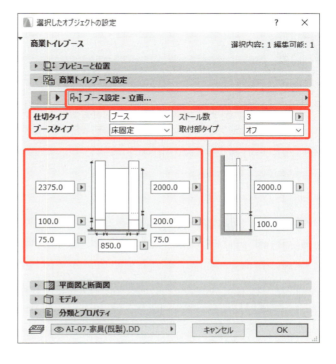

> **詳細** 各パラメータの数値や記号の上にカーソルを合わせると、設定する部位の名称をヒント表示する。

④ [ブース設定-平面]タブページに切り替えて次の設定を確認する。

- [仕切2]にチェックあり
- ブース幅「1000」、仕切厚さ「25」、ブース奥行「1600」、ドア厚さ「25」

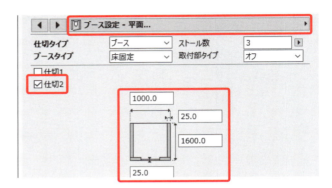

> **詳細** [仕切1][仕切2]は側面左右の仕切の有り無し設定。

⑤ [取付部設定]タブページに切り替えて次の設定を確認する。

- 取付部タイプ「オフ」※便器本体

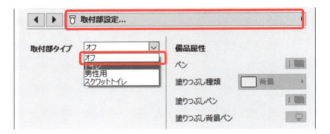

> **詳細** 本書の実施設計モデルでは、便器本体やペーパーホルダー、シャワーリモコンは別のライブラリを配置するので、ここでは[オフ]にしている。

⑥ [ハンドル]タブページに切り替えて次の設定を確認する。

[鍵]
- タイプ「スタイル2」、高さ「1100」、位置「30」

[取っ手]
- タイプ「スタイル2」、高さ「900」、位置「100」※ドア小口から芯位置までの距離

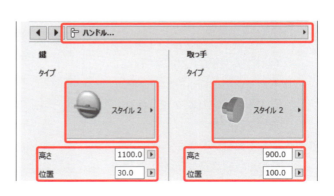

⑦ [表示と材質]タブページに切り替えて次の設定を確認する。
　[2D表示]
- 2D詳細レベル「MVOに依存」
- 線種「実線」
- ペン「ペン番号61（0.15mm）」
- 塗りつぶし種類「背景」
- 塗りつぶし背景ペン「(-1)背景色」

⑧ [表示と材質]タブページの[3D表示]と[材質]で次の設定を確認する。
　[3D表示]
- 3D詳細レベル「MVOに依存」
　[材質]
- ピラスター「木材-クルミ横」
- ドア「木材-マツ横」
- サイド仕切「木材-マツ横」
- フッタ「金属-ステンレス」
- 取っ手とハンドル「金属-亜鉛」

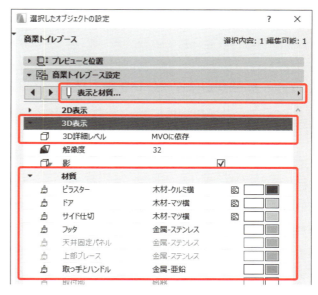

詳細
[3D詳細レベル]には他に[詳細][簡略][スキーム][オフ]の設定がある。[オフ]を選択すると3Dウィンドウでは非表示になり、2Dシンボルの表示のみになる。

⑨ [ドア]タブページに切り替えて次の設定を確認する。
- 開口方向「外側」
- 2Dでの開口角度「90°」
- 3D開口角度「0°」

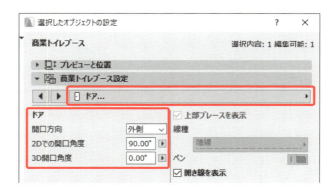

⑩ [最小スペース]タブページに切り替えて次の設定を確認する。

- 最小スペース奥行き「1350」
  ※ドア幅+必要な通路幅、側面1最小スペース「100」、側面2最小スペース「300」

⑪ [商業トイレブース]ライブラリの設定確認をしたら、[キャンセル]ボタンをクリックしてダイアログボックスを閉じ、余白でクリックをして選択を解除しておく。

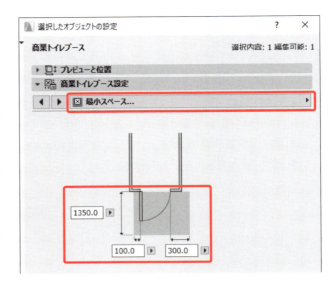

02 外部からライブラリを読み込む

ここではARCHICAD標準ライブラリではない、オリジナルに作成したライブラリや、メーカーのサイトなどからダウンロードしたライブラリを、今現在開いている作業ファイルに読み込む流れを解説する。

① [ファイル]メニューから[ライブラリとオブジェクト]→[ライブラリマネージャー]を選択する。

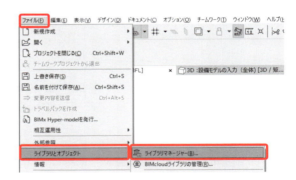

② [ライブラリマネージャー]ダイアログボックスが開く。[追加]ボタンをクリックする。

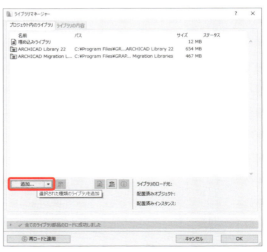

③ [ライブラリフォルダまたはファイルを選択]ダイアログボックスから、読み込みたいオブジェクトの保存先フォルダを選択し、[選択]ボタンをクリックする。

※本書付録にはオブジェクトファイルは用意していません。以降、参考として読んでください。

詳細 ライブラリフォルダ以外で読み込めるファイルの種類は、*Pla, *PPa, *Pca, *Icfがある。

④ [ライブラリマネージャー]ダイアログボックスの[再ロードと適用]ボタンをクリックしてから[OK]ボタンをクリックする。これで外部からオブジェクトファイルを読み込む作業は完了だ。

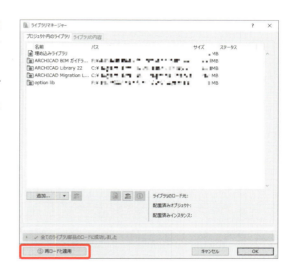

⑤ 読み込んだオブジェクトは、[オブジェクトツール]や[ランプツール]などのそれぞれカテゴリを認識して振り分けられる。これはそれぞれのライブラリを保存する際に、それぞれのカテゴリで保存しているからだ。

[オブジェクトツール]のフォルダ構成　　[ランプツール]のフォルダ構成

03 ARCHICADLibraryと組立要素ツールでモデリング

ライブラリ部品1つだけで作りたい形にモデリングすることが難しい場合、組立要素の各ツールと組み合わせてモデリングすることができる。一例として洗面化粧台の各部位の設定を確認する。

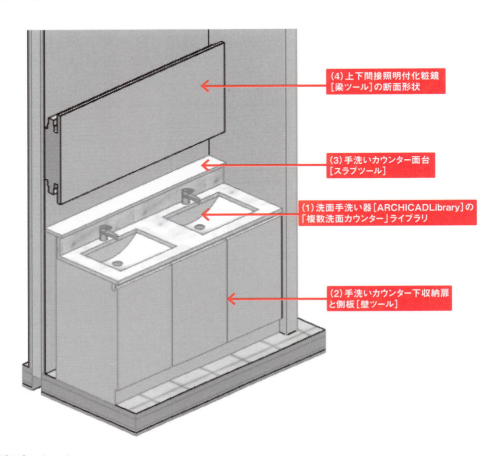

(4) 上下間接照明付化粧鏡 ［梁ツール］の断面形状

(3) 手洗いカウンター面台 ［スラブツール］

(1) 洗面手洗い器 [ARCHICADLibrary] の「複数洗面カウンター」ライブラリ

(2) 手洗いカウンター下収納扉と側板［壁ツール］

(1) 複数洗面カウンター

［オブジェクトツール］から［複数洗面カウンター］を配置する。洗面器の数やスタイル、または配置位置などはパラメータで設定できるので便利だ。ただ設定できるパラメータが多くあり、毎回パラメータを一から設定するのは大変なので、よく使うライブラリに関しては［お気に入り］に保存しておくとさらに便利になるだろう。

① ナビゲータパレットの［ビュー一覧］より「演習」フォルダ→「d）実施モデルの入力」→「3D：設備モデルの入力（洗面化粧台）」をダブルクリックして、3Dウィンドウを開く。

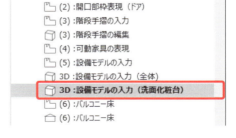

② [矢印ツール]で前ページ図の「複数洗面カウンター」ライブラリを選択し、[選択したオブジェクトの設定]ダイアログボックスを開いて、[プレビューと位置]パネルの設定を確認する。

- 配置フロアまで下部オフセット「825.0」※カウンターの下端の高さ位置
- 配置フロア「3.3FL」
- 寸法1「1350」※カウンターの幅
- 寸法2「500」※カウンターの奥行

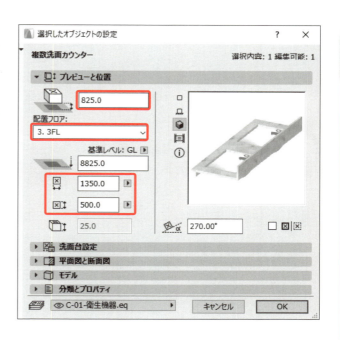

③ [洗面台設定]パネルの[カウンターと洗面器設定]タブページの設定を確認する。

[カウンタ]
- 上端高さ「850」
- 厚さ「25」
- 天板縁「垂直」

[流し]
- 洗面器数「2」
- スタイル「矩形」
- 幅「460」
- 奥行き「330」
- 中心からのX距離「0」
- [下固定]にチェック

[水はね防止板と前面パネル]
- [背板]にチェック
- [前面パネル]にチェック
- [前面パネル張り出し]の前面パネルの控え「25」、背板の高さ「125」、前面パネルの高さ「50」

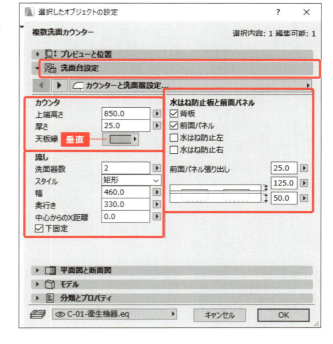

④ [水栓スタイル]タブページの設定を確認する。

- タイプ「混合水栓」
- スタイル「スタイル1」

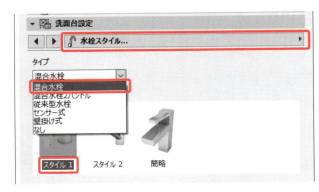

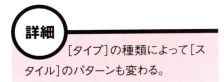

[タイプ]の種類によって[スタイル]のパターンも変わる。

⑤ [表示と材質]タブページの設定を確認する。

[2D表示]
- 2D詳細レベル「MVOに依存」
- 輪郭ペン「ペン番号61（0.15mm）」
- 塗りつぶし種類「背景」
- 塗りつぶし背景ペン「(-1)背景色」

[3D表示]
- 3D詳細レベル「MVOに依存」
- カウンタ「石材-大理石4」
- 流し「磁器」
- 水栓「金属-ステンレス」
- 前面パネル「石材-大理石4」
- 背板「石材-大理石4」

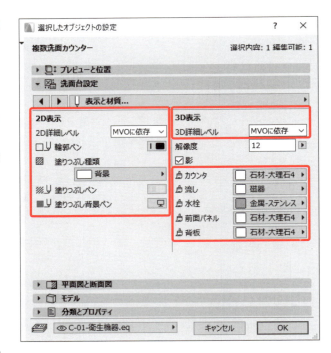

⑥ 以上の[複数洗面カウンター]ライブラリの設定を確認したら、[キャンセル]ボタンをクリックしてダイアログボックスを閉じ、余白をクリックして選択を解除しておく。

(2) 収納扉

手洗いカウンター下の[壁ツール]でモデリングをおこなった収納扉の設定について確認する。垂直方向の面のモデリングが得意な[壁ツール]の特徴を生かしたケースだ。

① 任意の収納扉を[矢印ツール]で選択し、情報ボックスの壁[設定ダイアログ]ボタンをクリックする。[選択した壁の設定]ダイアログボックスを開いて、[形状と位置]パネルの設定を確認する。

- 壁上部「リンクなし」※家具の扉はフロアリンク機能不要
- 壁高さ「700」※収納扉の高さ
- 配置フロアまで下部オフセット「100」※家具の巾木H100分
- 配置フロア「3.3FL」
- 組み立て法「基本」
- ビルディングマテリアル「B_家具・設備」
- 図形作成法「直線」
- 壁厚さ「20」※扉の厚み
- 基準線「外側」
- 基準線オフセット「0」

② 設定を確認したら[キャンセル]ボタンをクリックしてダイアログボックスを閉じ、余白をクリックして選択を解除しておく。

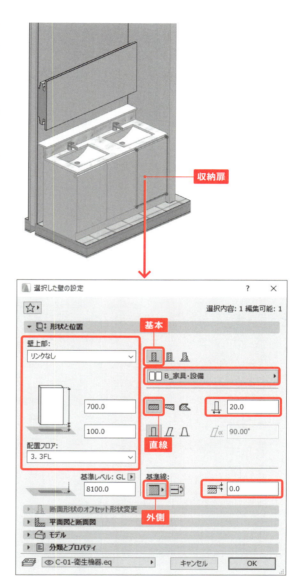

(3) 手洗いカウンター面台

[スラブツール]でモデリングをおこなった手洗いカウンター面台の設定について確認する。水平方向に厚みをもたせたモデリングが得意な[スラブツール]の特徴を生かしている。

① 手洗いカウンター面台を[矢印ツール]で選択し、情報ボックスのスラブ[設定ダイアログ]ボタンをクリックする。

② [選択したスラブの設定]ダイアログボックスを開いて、[形状と位置]パネルの設定を確認する。

　　[形状と位置]パネル
- 配置フロアまでオフセット「975」※カウンターの立上り天端の高さ、スラブ厚さ「20」※面台の厚み
- 配置フロア「3.3FL」
- 組み立て法「基本」
- ビルディングマテリアル「B_家具・設備」
- 基準面の位置「下端」

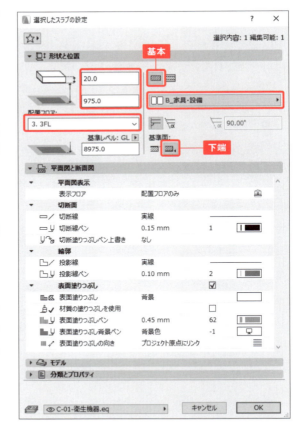

③ 設定を確認したら[キャンセル]ボタンをクリックしてダイアログボックスを閉じ、余白をクリックして選択を解除しておく。

（4）上下間接照明付化粧鏡

上下間接照明付化粧鏡は［断面形状］機能で作成し、［梁ツール］でモデリングしている。その設定を確認する。［断面形状マネージャ］で作成した要素を［梁ツール］で保存する場合は、天端で高さをおさえることを考え、［断面形状マネージャ］ウィンドウの原点と断面形状の天端高さを合わせて設定しておく。

① 上下間接照明付化粧鏡を［矢印ツール］で選択し、情報ボックスの梁［設定ダイアログ］ボタンをクリックする。

② ［選択した梁の設定］ダイアログボックスが開く。［形状と位置］パネルの次の設定を確認したら、［キャンセル］ボタンをクリックしてダイアログボックスを閉じる。

- 配置フロアまで基準線をオフセット「1800」※化粧鏡の天端高さ位置
- 配置フロア「3.3FL」
- 組み立て法「断面形状」
- 断面形状「WC-鏡」
- 水平あるいは傾斜「水平」
- 基準線オフセット「0」
  レイヤー「AI-07-家具（既製）.DD」

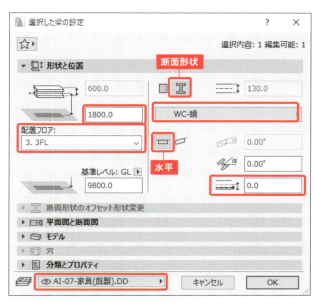

③ 次に化粧鏡が選択された状態で右クリックして[選択した複合構造/断面形状を編集]を選択する。

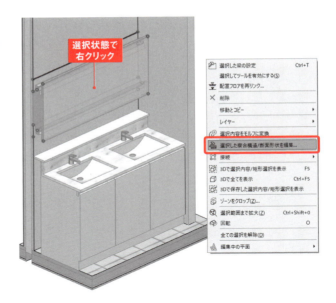

④ 断面形状編集ウィンドウが開く。洗面化粧台の鏡本体がどのような塗りつぶしパターンの構成で作成されているかを、それぞれの塗りつぶしを選択して確認したら、[断面形状マネージャ]ダイアログボックスを閉じる。

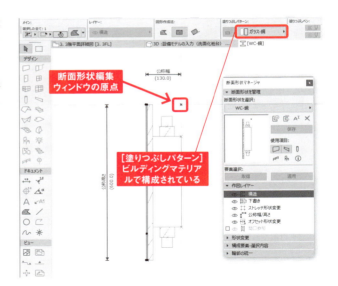

Tips　3Dウィンドウ上で収納扉をモデリング

(2)の収納扉を3Dウィンドウで座標入力を使ってモデリングする流れを解説する。同じビルディングマテリアルの要素が接してしまうと包絡するため、収納扉どうしの小口面は少し離しておくとよい。

① 洗面カウンター右下入隅にマウスを合わせ、[Z]キーを押して座標入力モードにし、「100」[+][Enter]キーを押して1点目を指示する。

② 側板外面でマウスを合わせる。座標情報の[距離]の数字が「1350.0」になる。

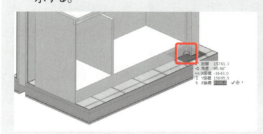
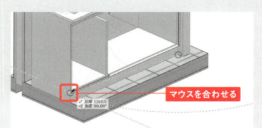

③ 小口面を離すため、この距離を3分割してマイナス2mmの数値でモデリングをおこなう。座標情報の[距離]に「448」と入力し[Enter]キーを2回押す。この時参照線をなぞるとモデリングしやすい。

④ モデリングした収納扉を選択し、右クリックから[移動とコピー]→[連続コピー]を選択してダイアログボックスを開く。図のように設定し、[OK]ボタンをクリックする。

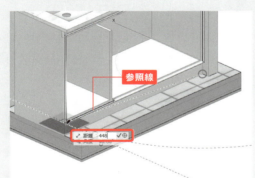
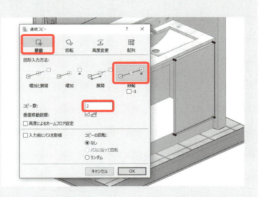

⑤ 収納扉の左下角をクリックし、[Shift]キーを押しながらマウスを左に動かして参照線をなぞる。参照線と側板の外面との交点でダブルクリックすると扉が2つコピーされる。

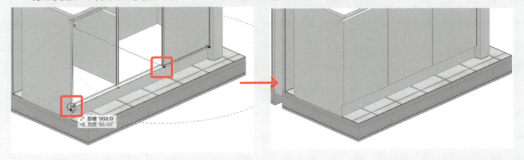

8 バルコニー床の入力

基本設計モデルではフラットな床でバルコニーを表現していたが、実施設計では各部位の詳細検討に入るため、水勾配などが必要になる。このような場合は各ポイントに高さを与えてモデリングができる[メッシュツール]を使う。下図は[メッシュツール]でバルコニーをモデリングした後の3D断面パース、平面詳細図、断面詳細図だ。先に結果を図で確認してみよう。

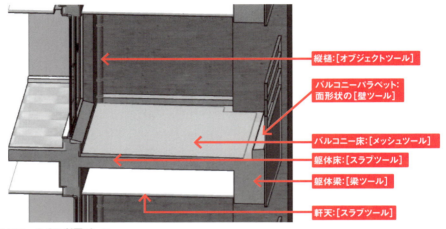

屋外バルコニーの3D断面パース

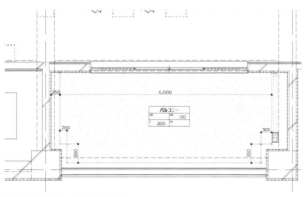

屋外バルコニーの平面詳細図

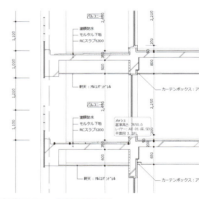

屋外バルコニーの断面詳細図

01　バルコニー床の[メッシュツール]設定

バルコニー床の[メッシュツール]設定を解説する。

① ナビゲータパレットの[ビュー一覧]より「演習」フォルダ→「d)実施モデルの入力」→「(6)：バルコニー床」をダブルクリックして、平面図ウィンドウを開く。

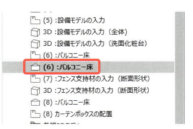

② ツールボックスの[メッシュツール]をダブルクリックする。

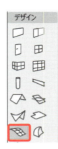

③ [メッシュのデフォルト設定]ダイアログボックスが開く。次のように設定し、[OK]ボタンでダイアログボックスを閉じる。

[形状と位置]パネル
- メッシュ高さ「60」、配置フロアまでオフセット「-90」
- 配置フロア「3.3FL」
- 組み立て法「ソリッド」
- ビルディングマテリアル「モルタル」

[平面図と断面図]パネル
[平面図表示]ページ
- 表示フロア「配置フロアのみ」

[切断面]ページ
- 切断線ペン「ペン番号1（0.15mm）」
- 切断塗りつぶしペン上書き「なし」

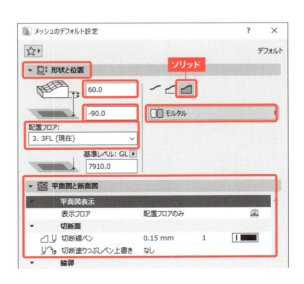

[輪郭]ページ
- 投影線ペン「ペン番号2(0.10mm)」
- 投影線「実線」
- 尾根を選択「ユーザー定義を表示」
- 尾根ペン「ペン番号2(0.10mm)」

[表面塗りつぶし]ページにチェック
- [材質の塗りつぶしを使用]のチェックを外す
- 表面塗りつぶし「ランダム2」
- 表面塗りつぶしペン「ペン番号2(0.10mm)」
- 表面塗りつぶし背景ペン「ペン番号(-1)背景色」
- 表面塗りつぶしの向き「プロジェクト原点にリンク」

レイヤー「AE-01-床.SD」

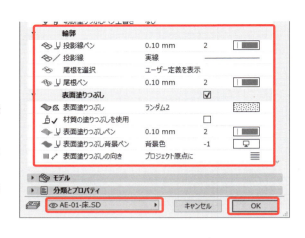

02 [参照線]を使って床の外形を入力

設定した[メッシュツール]を入力する前に、バルコニー床の外形を入力しやすくするため、[参照線]で水平線と垂直線を配置しておく。

① ツールバーの[参照線]ボタンをクリックしてオンにし、平面図ウィンドウ上部の「参照線タブ」をクリックして「参照線ハンドル」を下へ移動する。

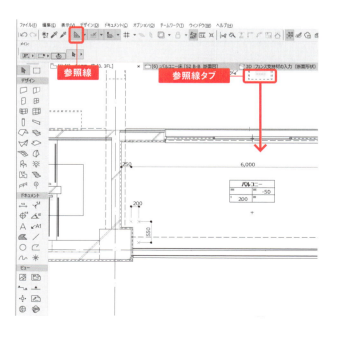

② あらかじめ配置しておいた図のホットスポットにカーソルを合わせてリリースし、水平方向に参照線を配置する。

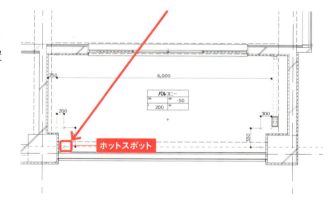

③ 引き続き、平面図ウィンドウ右の参照線タブをクリックして参照線ハンドルを左へ移動し、ここでもあらかじめ配置しておいた図のホットスポットにカーソルを合わせてリリースし、垂直方向の参照線を配置する。これで2本の参照線が配置された。

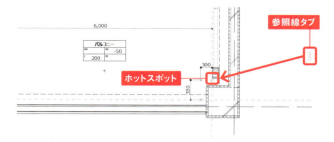

④ 情報ボックスで図形作成法の［矩形］ボタンをクリックする。

⑤ 1点目として図のホットスポットをクリックする。マウスを右下対角に動かし、2点目として前述で配置した参照線の交点でクリックする。バルコニー床が配置される。

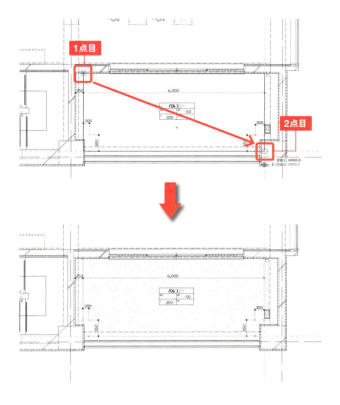

Tips 任意の参照線をかく

先の操作で参照線タブから参照線ハンドルを配置したが、任意の参照線をかくこともできる。参照線タブの上で右クリックして[参照線分節を作成]を選択し、作業ウィンドウで単一の壁を描くようにクリックすると直線の参照線が配置できる。また、最初にクリックしたときにペットパレットを表示するが、円弧をかきたい場合は[円弧]ボタンをクリックすればかける。ちなみに、[壁ツール]をオンにして配置しておいた円弧の参照線上で[スペース]キーを押しながらクリックすると壁がモデリングできる。[マジックワンド]機能(P.95)と参照線を併用してモデリングする方法だ。

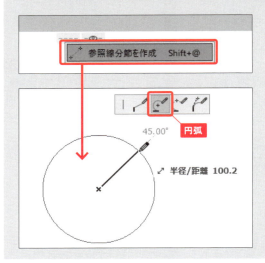

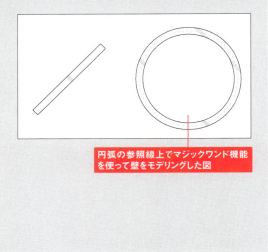

円弧の参照線上でマジックワンド機能を使って壁をモデリングした図

03 バルコニー床に勾配をつける

バルコニーのサッシ側を水上とし、対面の手摺側を水下として配置したバルコニー床に勾配をつける。

① [メッシュツール]がオンになっていることを確認し、P.125で配置したバルコニー床の面を[Shift]キーを押しながら選択する。水下の辺上❶でクリックしてペットパレットを表示し、[メッシュポイントを高度変更]を選択する。

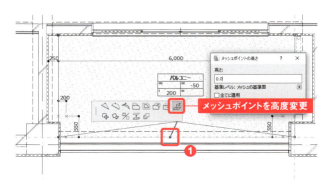

② [メッシュポイントの高さ]ダイアログボックスが開く。[高さ]を「-30」と入力し、[OK]ボタンをクリックし、ダイアログボックスを閉じる。

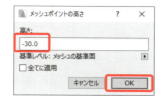

04 側溝をつくる

バルコニー床全体に勾配をつけたら、次は水下側の柱廻り2か所に側溝をつくる。側溝部分にはあらかじめホットスポットを配置しておくと指示しやすい。座標入力を使っても側溝部分を指示することができる。ここではその2つを組み合わせて側溝を作成してみよう。

① バルコニー床が選択されている状態でバルコニー床の左下の選択端点❶をクリックし、ペットパレットを表示して[ポリゴンから削除]を選択する。

② 1点目としてもう1度選択端点❶をクリックし、2点目としてあらかじめ配置しておいたホットスポット❷をクリックすると柱廻りに側溝が作成される。

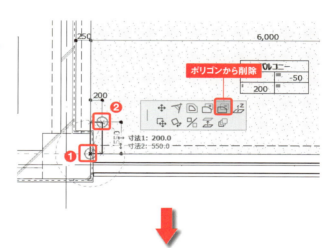

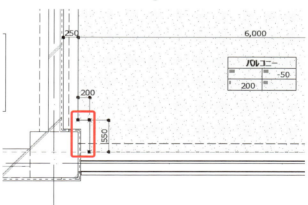

> **詳細** 前項から続けて操作すると、手順①でペットパレットを表示すると同時に[メッシュポイントの高さ]ダイアログボックスが表示される。この場合は[キャンセル]ボタンをクリックしてダイアログボックスを閉じ、ペットパレットからあらためて[ポリゴンから削除]を選択する。

③ 次にバルコニー床の右下の選択端点❸をクリックし、ペットパレットを表示して[ポリゴンから削除]がオンになっていることを確認する。

④ この側溝は座標入力で操作してみよう。1点目としてもう1度選択端点❸をクリックして左上対角にマウスを動かした後、表示している座標情報の[寸法1]にそのまま「300」と入力して Tab キーを押し、[寸法2]に「550」と入力して Enter キーを押す。

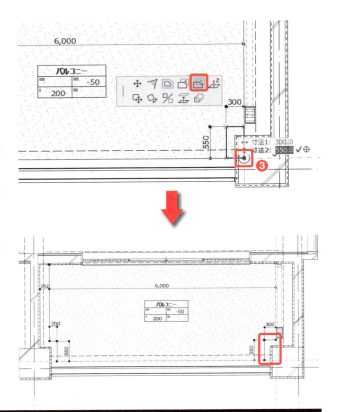

Tips　勾配面は全体から不要部分を引くモデリングが効率的

[メッシュツール]で勾配面を作成するとき、最初に側溝の形状までモデリングしてしまうと、勾配と距離からその高さを計算して、各メッシュポイントに高さを設定しなければならない。しかし本書のバルコニー床のように全体の外形をモデリングしてから勾配を付け、側溝となる不要部分を削除する方法をとれば、メッシュポイントの高さは自動的に勾配に沿った高さになり、メッシュポイントそれぞれに高さを与える手間が省ける。
下図のように[メッシュポイントの高さ]ダイアログボックスを表示して(表示操作は前述参照)、勾配途中のメッシュポイントの高さを見てみると「-23.8」となっていて、最初に付けた勾配(-30)内で高さが与えられていることが確認できる。

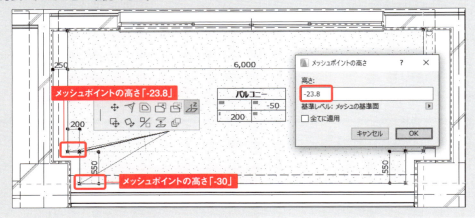

9 屋上フェンス支持材の入力

［標準鉄骨断面形状をインポート］を使うと、構造部材として正確な断面属性をもった「断面形状」を使って柱や梁をモデリングすることができる。IFC標準を使用して構造設計ソフトウェアとデータ交換する場合に重要となる機能だ。使い方は最初に［オプション］メニューにある［標準鉄骨断面形状をインポート］を使って［断面形状マネージャ］に読み込み、次に柱や梁ツールからモデリングをおこなう。あらかじめ断面の形やサイズが正しく描かれた状態で準備されているため、断面図形の登録が簡単で便利だ。

01 屋上フェンスの確認

屋上階にあるフェンスの支柱は［標準鉄骨断面形状をインポート］機能を使ってモデリングした鉄骨だ。平面図と3Dウィンドウ表示で確認してみよう。

① ナビゲータパレットの［ビュー一覧］より「演習」フォルダ→「d) 実施モデルの入力」→「(7)：フェンス支持材の入力（断面形状）」をダブルクリックして、平面図ウィンドウを開く。

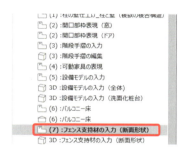

② R階平面詳細図の「設備機器置場」あたりが拡大表示される。設備機器を隠すためのフェンスとその支持材および基礎をモデリングした平面図だ。3Dウィンドウ表示に切り替えて各部のモデルも確認する。

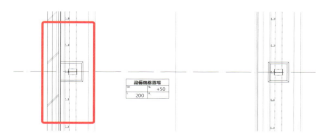

③ ②の平面図部分を［矩形選択ツール］の選択方法の［1フロア］で切り取り、F5キーで3Dウィンドウ表示してみよう。各部位は図示したツールで作成されている。

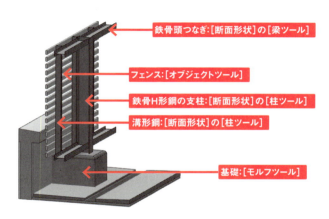

02 鉄骨H形鋼の設定

ここでは前頁③の「鉄骨H形鋼の支柱」を断面形状にインポートする。はじめに、すでにモデリングされている「鉄骨H形鋼の支柱」の設定を確認しておこう。

① ナビゲータパレットの[ビュー一覧]より「演習」フォルダ→「d)実施モデルの入力」→「3D:フェンス支持材の入力(断面形状)」をダブルクリックして、3Dウィンドウを開く。

② Shift キーを押しながら鉄骨H形鋼の支柱を選択して、情報ボックスの柱[設定ダイアログ]ボタンをクリックする。

③ [選択した柱の設定]ダイアログボックスが開く。次の設定を確認し、[OK]ボタンをクリックしてダイアログボックスを閉じる。

[形状と位置]パネル
- 上のフロアにリンク「7.最高高さ(配置フロア+1)」
- 上部リンクされたフロアまでオフセット「0」、配置フロアまで下部オフセット「600」
- 配置フロア「6.RFL」
- 組み立て法「断面形状」
- 断面形状「H244×175×7×11」

[モデル]パネル
- 材質上書き[材質上書き]ボタンをクリックしてオン
- 材質「C-02」

レイヤー「AE-16-屋上設備.CD」

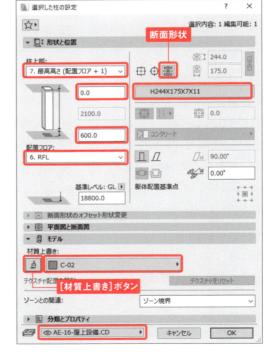

> **詳細**　［断面形状マネージャ］で鉄骨H形鋼に割り当てられていたビルディングマテリアルは「鉄鋼材」で、材質が錆止め風になっていた。ここではその上に塗装を施したイメージで、［選択した柱の設定］ダイアログボックスの［モデル］パネルから「C-20」のグレーカラーの材質で［材質上書き］をおこなっている。

03　断面形状をインポート

前項の鉄骨H形鋼の支柱は断面形状の「H244×175×7×11」が設定されていることを確認した。この断面形状のインポート方法を解説する。

① ［オプション］メニューから［断面形状］→［標準鉄骨断面形状をインポート］を選択する。

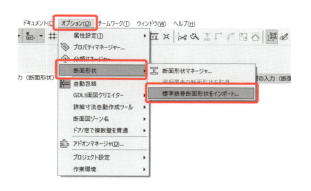

② ［標準鉄骨断面形状データベース］ダイアログボックスが開く。次のように設定する。

- 国コード「日本」
- 形状「I/H形鋼」
- 使用可能な断面形状「H244×175×7×11」を選択

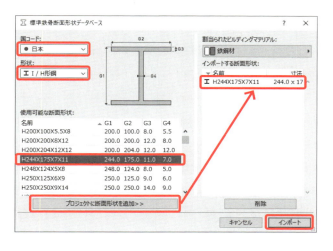

③ ［プロジェクトに断面形状を追加］ボタンをクリックし、右側の［インポートする断面形状］リストへ追加する。ダイアログボックス右下の［インポート］ボタンをクリックすれば［断面形状マネージャ］ダイアログボックスの［断面形状を選択］に鉄骨H形鋼が追加される。

④ インポートした断面形状を編集するウィンドウを開く。[オプション]メニューから[断面形状]→[断面形状マネージャ]を選択し、[断面形状マネージャ]ダイアログボックスを表示する。

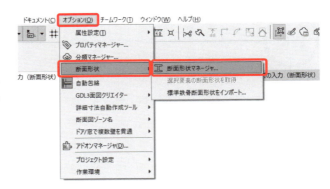

⑤ [断面形状を選択]から、③でインポートした[H244×175×7×11]を選択し、[編集]ボタンをクリックする。

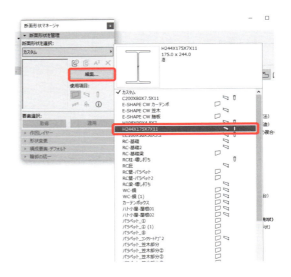

⑥ 断面形状の編集ウィンドウが開く。[柱ツール]の要素として保存する場合は、平面図ウィンドウに配置する基準点として原点を形状の「中心」におく。その他の編集をおこなうと[保存]ボタンがオンになるので、クリックして上書き保存をする。確認しただけの場合は、[断面形状マネージャ]ダイアログボックスの閉じるボタンをクリックする。

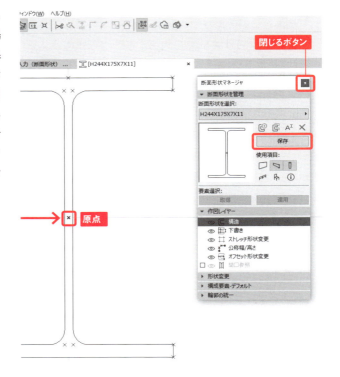

詳細 平面図ウィンドウなどと同様に、断面形状編集ウィンドウにも「原点」がある。この原点は登録する各要素の設定ダイアログボックスの[配置フロアまでのオフセット]の高さ位置設定によって置く位置を変える。たとえば構造梁なら、断面図での配置位置を考慮して天端の位置に原点を配置する。この原点の配置位置を考慮するとモデリングがしやすくなる。

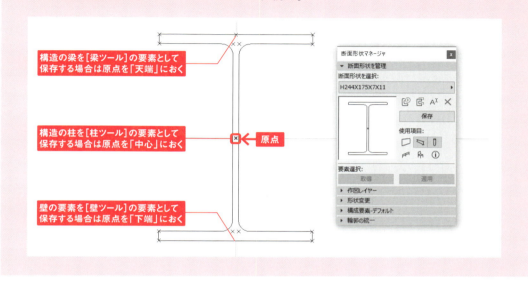

10 巾木とカーテンボックスを作成

下の断面詳細図にある「巾木」と「カーテンボックス」も「断面形状」で作成してモデリングしている。ここではその作成方法の一例を紹介する。

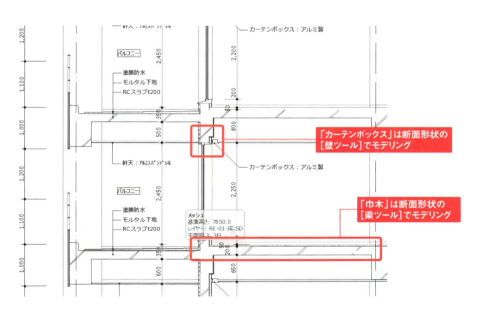

01 巾木の断面形状を確認

[梁ツール]に割り当てた断面形状設定を解説する。「巾木」を3Dでモデリングしておくと、展開図を切り出した場合も巾木が反映される。2Dツールの書き込み作業が減り、作業効率が良くなる。

① ナビゲータパレットの[ビュー一覧]より「演習」フォルダ→「d) 実施モデルの入力」→「(8):バルコニー床」をダブルクリックする。

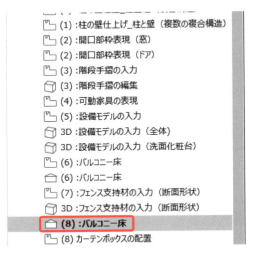

② 3階「事務所1」のバルコニーへ出入りするサッシ付近が断面図ウィンドウで開く。「巾木」を[矢印ツール]で選択し、右クリックして[選択した複合構造/断面形状を編集]を選択する。

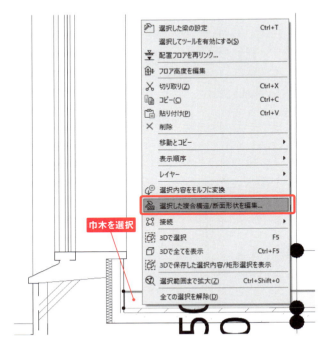

③ [断面形状マネージャ]ダイアログボックスと断面形状編集ウィンドウが開く。断面形状の名前は「巾木_ソフト巾木H60」だ。巾木の断面は[塗りつぶしツール]で作成されている。[矢印ツール]で選択し、情報ボックスに表示された塗りつぶしの設定内容を確認する。

- ビルディングマテリアル「C_巾木」
- 輪郭タイプを「オン」
- 輪郭タイプの線種「実線」※断面での線の種類
- 輪郭線のペン番号「1（0.15mm）」※断面での線のペン番号

④ [断面形状マネージャ]ダイアログボックスで[梁ツール]に割り当てていることを確認する。これは[壁ツール]でモデリングされた壁に、同じツールで巾木をモデリングすると、包絡してしまい異なる部位としてモデリングできない場合があるからだ。

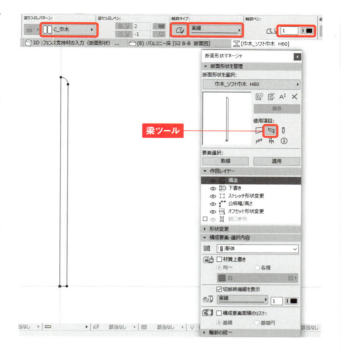

02 断面形状の編集方法

断面形状編集ウィンドウでは、断面の形状を[塗りつぶしツール]で描くが、描いた形状を編集する場合は、平面図ウィンドウや断面図ウィンドウと同様にペットパレットで編集をおこなう。ここでは、ソフト巾木の一部をアール加工に編集した方法について解説する。

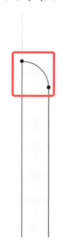
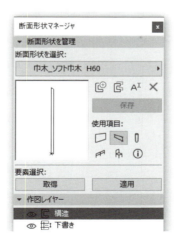

① ツールボックスの[塗りつぶしツール]を選択し、ソフト巾木の断面をShiftキーを押しながら選択する。

② 選択表示の右上端点でクリックしてペットパレットを表示し、[隅切り/面取り]を選択する。

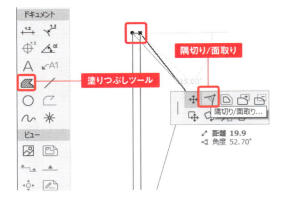

③ [隅切り-面取り]ダイアログボックスが開く。[隅切り]を選択し[半径]を「2」と入力する。[OK]ボタンをクリックし、ダイアログボックスを閉じる。

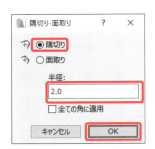

④ アール加工の隅切りで形状の編集ができた。あらかじめ巾木の厚みを2mmとしていたので、アール加工の隅切りも2mmとしている。

⑤ [断面形状マネージャ]ダイアログボックスの[保存]ボタンをクリックして、上書き保存をしておく。

---

03 カーテンボックスの断面形状を確認

カーテンボックスは断面を半分にした形状で、壁と梁ツールの要素に割り当てて登録している。その断面形状設定について解説する。

① ナビゲータパレットの[ビュー一覧]より「演習」フォルダ→「d)実施モデルの入力」→「(8):バルコニー床」をダブルクリックして、再度「バルコニー床」の断面図ウィンドウを開く。

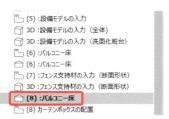

② バルコニーへ出入りするサッシ上部の「カーテンボックス」を[矢印ツール]で選択し、右クリックして[選択した複合構造/断面形状を編集]を選択する。

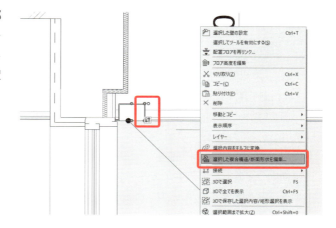

詳細 カーテンボックスはグループ化しているので、[Alt]+[G]キーで[グループの一時解除]をおこなってから選択をする。

③ [断面形状マネージャ]ダイアログボックスと断面形状編集ウィンドウが開く。断面形状の名前は「カーテンボックス」だ。カーテンボックスの断面は[塗りつぶしツール]で作成されている。[矢印ツール]でカーテンボックスの塗りつぶしを選択し、情報ボックスに表示された塗りつぶしの設定内容を確認する。

- ビルディングマテリアル「金属-アルミニウム」
- 輪郭タイプを「オン」
- 輪郭タイプの線種「実線」※断面での線の種類
- 輪郭線のペン番号「1（0.15mm）」※断面での線のペン番号

④ [断面形状マネージャ]ダイアログボックスで[壁ツール]と[梁ツール]に割り当てていることを確認したら[断面形状マネージャ]ダイアログボックスを閉じる。

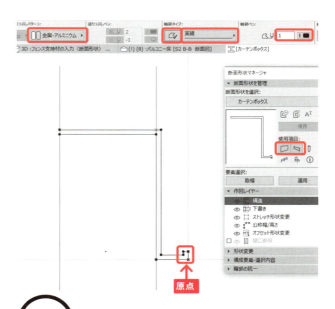

詳細 断面形状は壁・梁・柱・手摺り・オブジェクトの5つのツールに割り当てることができるが、カーテンボックスの断面形状は、モデリングする際に[図形作成法]で[矩形]の設定がある[壁ツール]と[梁ツール]に割り当てている。

04 カーテンボックスの配置

断面形状で登録した「カーテンボックス」を[壁ツール]から配置する。前項で確認したように「カーテンボックス」は半分に切断した形になっているため、図形作成法の[矩形]を使うと、矩形に沿って両端部を閉じながらきれいに配置できる。ナビゲータパレットの[ビュー一覧]の「演習」フォルダ→「d) 実施モデルの入力」→「(8) カーテンボックスの配置」にすでに配置されているカーテンボックスは、以下の方法で作成されている。

① 平面図ウィンドウで天井にカーテンボックスを配置するバルコニー周辺を表示する。囲んだ部分にカーテンボックスを配置する。

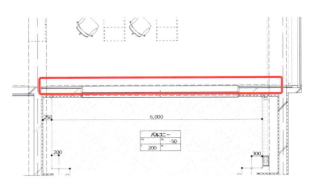

② ツールボックスの[壁ツール]をダブルクリックする。

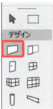

③ [壁のデフォルト設定]ダイアログボックスを開く。次のように設定し[OK]ボタンでダイアログボックスを閉じる。

[形状と位置]パネル
- 配置フロアまで下部オフセット「2445」※CH2450からカーテンボックス天井おさえ立上り5mm分下げた高さ
- 配置フロア「3.3FL(現在)」
- 組立法「断面形状」
- 断面形状「カーテンボックス」
- 壁厚さ「80」※断面形状で作成した幅のサイズを自動的に表示
- 基準線オフセット「0」

レイヤー「AI-05-カーテンボックス.CD」

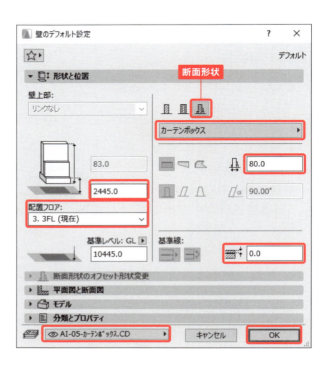

④ 情報ボックスで図形作成法の[矩形]ボタンをクリックする。

⑤ 壁内面と梁の入隅部分をクリックし、右上方向にマウスを動かしたら座標情報の[寸法1]に「6300」と直接入力する。[Tab]キーを押して[寸法2]に「160」と入力し、[Enter]キーを押すとカーテンボックスの入力は完了する。入力した断面形状の4面をグループ化しておけば、ワンクリックでカーテンボックスのモデルとして選択できるので、移動など後々の編集の際に便利だ。

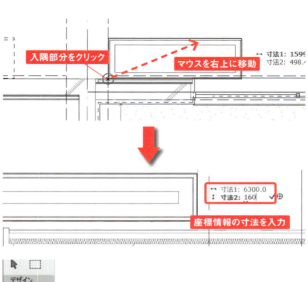

⑥ 次に天井モデルにカーテンボックス部分の欠きこみをおこなう。ツールボックスの[スラブツール]をクリックする。

⑦ [Shift]キーを押しながら天井をクリックして天井モデルを選択する。

> **詳細**
> 重なっている面要素があって目的の要素が選択しにくい場合は、[Shift]キーを押しながら[Tab]キーを押すたびに選択要素が切り替わるので、選択したい要素情報が表示されたときにクリックして選択する。

⑧ 情報ボックスで図形作成法の[矩形]ボタンをクリックする。

⑨ 1点目としてカーテンボックスおさえの左上角の内側でクリックし、2点目としてカーテンボックスおさえの右下角の内側でクリックする。これで天井モデルの欠きこみができたので、カーテンボックスのモデルをきれいに配置できる。余白でクリックして天井モデルの選択を解除する。

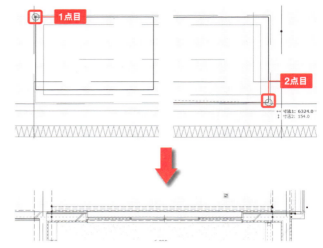

⑩ 3Dウィンドウ表示でモデリングしたカーテンボックスの形状を確認する。ツールボックスの[矩形選択ツール]をクリックして、カーテンボックスの断面形状がわかるように矩形で一部を囲んでから、キーボードの F5 キーを押し、3Dウィンドウ表示する。

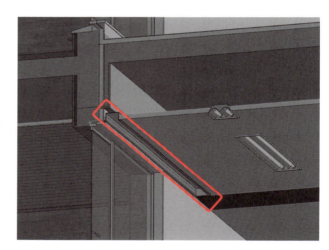

詳細　欠きこまれた天井モデルの形状を確認したい場合は、カーテンボックスを選択して右クリックし、コンテキストメニューの[レイヤー]→[レイヤーを隠す]を選択する。カーテンボックスが一時的に非表示になり、天井モデルが確認しやすくなる。

chapter 3

モデルから実施設計図面を作成

第2章では実施設計図を作成するための環境設定や、詳細モデルの作成方法、詳細図を整えるための便利な機能について解説してきた。この章では詳細モデルからいくつかの図面を切り出し、さらにドキュメントツールを使って実施設計図として整えていく流れを解説する。

01 詳細図のビューを作成

基本設計モデルから実施設計モデルへと、詳細なモデル要素に変換したり、追加したりしてBIMモデルを成長させた。その結果、基本設計図面として作成しておいた「平面図」と「断面図」は、実施設計図面の「平面詳細図」と「断面詳細図」として図面表現ができるようになる。ここでは詳細図面の作成に必要な[ビューを保存]機能と、各種図面を切り出すためのビューツールについて解説する。また、その他ドキュメントツールなどによる2D書き込みの設定を紹介する。
前章に引き続き、「練習用ファイル」→「Ch02_Ch03」フォルダに収録されている「ARCHICAD BIMガイドライン実施設計演習.pla」をもとに解説を進めていく。

1 平面詳細図を作成

基本設計時に使用した1:100の平面図から、実施設計図として1:50の平面詳細図を作成する。スケール変更後に図面枠にレイアウトするコツや、寸法線配置後にペットパレットを使って寸法を編集する方法についても説明する。

01 [ビューを保存]で平面図を平面詳細図に

[ビューを保存]機能で基本設計の平面図「3階平面図」から実施設計の平面詳細図「3階平面詳細図」を作成する。

① ナビゲータパレットの[ビュー一覧]より「演習」フォルダ→「e) モデルから実施設計図面を作成」→「平面詳細図」→「3.3階平面図」をダブルクリックする。

詳細
本書付録ファイルではこの項の操作結果「3.3階平面詳細図」を確認用としてあらかじめ用意している。

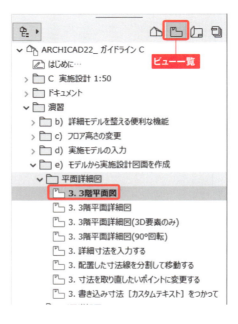

② 平面図ウィンドウが開く。この3階平面図は、基本設計時の1:100の平面図だ。これをベースに「ビュー保存」をおこない、新たな平面詳細図を作成する。

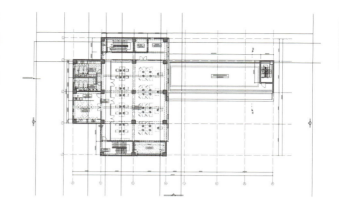

③ 「e) モデルから実施設計図面を作成」フォルダを選択し、[現在のビューを保存]ボタンをクリックする。

④ [ビューを保存]ダイアログボックスが開く。現在の[一般]パネルの設定を確認する。
- レイヤーセット「B-03平面図」
- スケール「1:100」
- 構造表示「モデル全体」
- ペンセット「B-基本図面ペン（一般図）」
- モデル表示オプション「B_基本設計」
- 表現の上書き「B_基本設計」

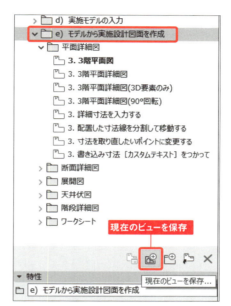

⑤ ④で確認した[一般]パネルの設定を、平面詳細図にするため次のように変更し、[作成]ボタンでダイアログボックスを閉じる。

[ビューID]パネル
- 名前「カスタム」→「3階平面詳細図」と入力

[一般]パネル
- レイヤーセット「C-03平面詳細図」
- スケール「1:50」
- 構造表示「モデル全体」※変更なし
- ペンセット「C-モノクロ図面ペン（詳細図）」
- モデル表示オプション「C_実施設計」
- 表現の上書き「C_実施設計」

⑥ ③で選択したフォルダ内の一番下に1:50の「3階平面詳細図」としてビュー保存される。

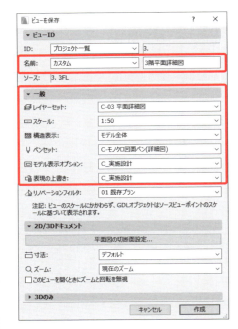

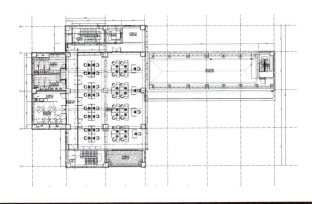

詳細

この3階平面詳細図は、詳細寸法の「2D-09-寸法（詳細）.CD」レイヤーを「C-03平面詳細図」レイヤーセットにより表示させたものだ。縮尺1/100を1/50にしたので寸法や部屋名の表示サイズが半分になり、詳細な寸法も表示される。ドアや窓の枠、壁の構成要素、コンクリートの塗りつぶしも詳細な表現になる。

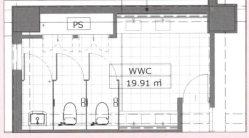

一部拡大した3階平面図　1:100

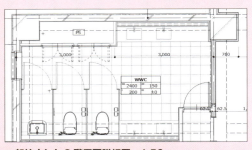

一部拡大した3階平面詳細図　1:50

02 [方向の設定]で図面枠におさめる

作成した平面詳細図は参照表示と[方向の設定]を使って図面枠の中に配置する。ただし断面図、立面図、展開図ウィンドウでは[方向の設定]ボタンはグレーアウトして使えない。

① 現在の3階平面詳細図を表示したまま、ナビゲータパレットの[レイアウトブック]から[マスタ]フォルダ内の図面枠「A1テンプレート」を選択して右クリックし、[参照として表示]を選択する。

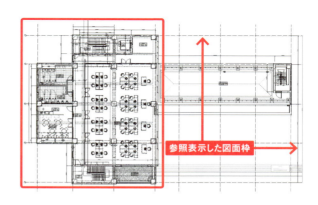

② 平面図ウィンドウに「A1テンプレート」の図面枠が参照表示される。1:50の平面詳細図全体が表示された図面枠におさまらないので、向きを変えて事務所棟のみ入るようにレイアウトする。

③ まず参照表示した図面枠を90°回転する。ツールバーの[参照]の▼をクリックして[参照を回転]を選択し、回転の中心として図面枠左上角あたり❶をクリックする。次にカーソルを右水平方向に移動し、図面枠上辺の任意の位置❷をクリックして回転軸を指示したら、カーソルを左下方向に移動し、「角度90°00」と表示される位置❸でクリックすると図面枠が時計回りに90°回転する。

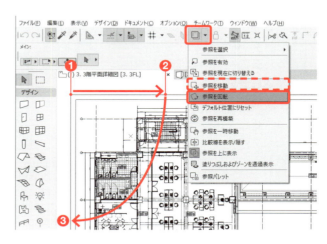

④ 続いて[参照]の▼をクリックして[参照を移動]を選択し、図面枠を事務所棟がおさまる位置へドラッグ&ドロップで移動する。

⑤ 次に作図ウィンドウ全体を左へ90°回転させる。作図ウィンドウ左下にある[方向の設定]ボタンをクリックする。

⑥ 回転の中心点として屋外階段付近にある「プロジェクト原点」をクリックする。次に、1通の通芯線上を右方向へなぞり、任意の位置でクリックして1通の通芯線を回転軸として指示する。

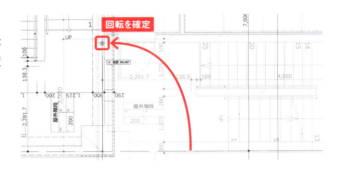

⑦ カーソルを左上方向へ移動すると、青色垂直線のスナップガイドが表示されるので、その線上の任意の位置でクリックして回転を確定する。

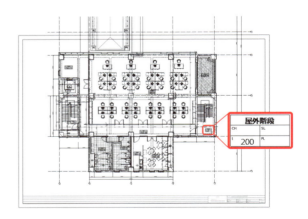

⑧ 全体が左へ90°回転し、図面枠が正しい向きになる。[ゾーンツール]で配置した室名は[方向の設定]の操作に影響されず、文字を水平に保った状態で表示される。

詳細

前ページ手順②で「A1 テンプレート」図面枠を参照表示した際、ビューの拡大率によっては、図面枠の中にビューがおさまって見えることがある。このような場合は、ツールバーにある[参照]の▼をクリックして[デフォルト位置にリセット]を選択し、ビューの拡大率をリセットして正しく表示する状態にしておこう。

03 回転した平面詳細図のビューを上書き保存

回転した平面詳細図ビューの状態は、タブバーから簡単に上書き保存することができる。これはARCHICAD 21から改善されたタブバーの機能だ。

① 平面図ビューのタブ上で右クリックしてコンテキストメニューを表示し、[現在の設定で再定義]を選択する。これでビューの上書き保存は完了だ。

② 確認のため、ナビゲータパレットの[ビュー一覧]にある「e)モデルから実施設計図面を作成」フォルダの一番下の「3階平面詳細図」ビューをダブルクリックして開いてみよう。

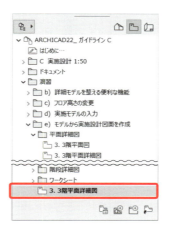

③ 90°回転した平面詳細図ビューの状態で上書き保存されていることが確認できる。

詳細 本書付録ファイルではこの項の結果確認のため、あらかじめ[ビュー一覧]の同じフォルダ内に「3.3階平面詳細図(90°回転)」を用意している。

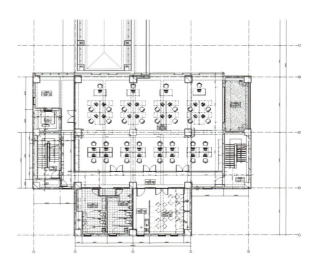

詳細

回転した平面図ウィンドウを元の角度に戻したい場合は、平面図ウィンドウの左下にある［角度］ボタンをクリックし、表示したポップアップから元の角度を選択する。

04　詳細寸法を入力する

本書ではすでに詳細寸法が入力された平面詳細図を使用しているが、［線形寸法ツール］を使って、4通の間仕切り壁に新たに詳細寸法を入力してみる。ここでは寸法をとる位置に、あらかじめ「ホットスポット」を配置している。

① ナビゲータパレットの［ビュー一覧］より「演習」フォルダ→「e) モデルから実施設計図面を作成」→「平面詳細図」→「3. 詳細寸法を入力する」をダブルクリックする。

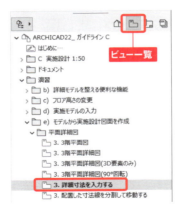

② EV側の通路付近の平面図ウィンドウが開く。図の矩形で囲んだ範囲に詳細寸法を追加する。

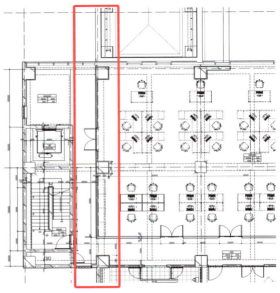

③ ツールボックスの[線形寸法ツール]をダブルクリックする。

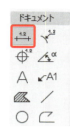

④ [線形寸法のデフォルト設定]ダイアログボックスが開く。[お気に入り]ボタンをクリックして詳細図用にお気に入り登録している「☆ガイドライン」→「C_実施」→「C_寸法1:50」を選択し、[適用]ボタンをクリックする。[OK]ボタンで[線形寸法のデフォルト設定]ダイアログボックスを閉じる。

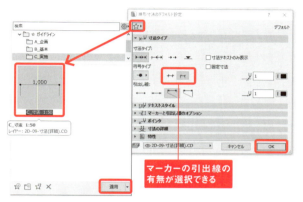

⑤ 情報ボックスで図形作成法の[全ての方向]ボタンをクリックする。

⑥ 寸法をとる点(ホットスポット)を順に指示する。1点目として4通とD通の交点でクリック、2点目として柱仕上げと壁仕上げの入隅でクリックする。

⑦ ホイールボタンを押しながら、マウスを前(上)へ動かし、下にある次の寸法点へ画面移動する。3点目として両開戸の枠外角でクリック、4点目として枠内角をクリックする。5点目としてもう一方の枠内角でクリック、6点目として枠外角でクリックし、7点目として4通とC通の交点でクリックする。

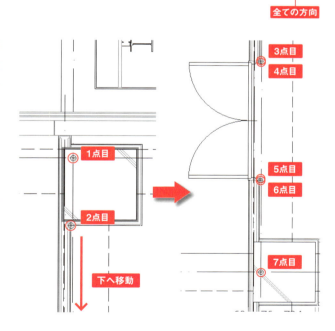

⑧ 続いてホイールボタンを押しながら、画面を下へ移動し、8点目として間仕切り壁の交点でクリック、最後に9点目として4通とB通の交点でクリックしたら、余白でダブルクリックして寸法線の配置モードにする。

⑨ 8点目でクリックした間仕切り壁の垂直方向にカーソルを置き、[平行]カーソル になったところでクリックして寸法線の配置方向を指示する。

⑩ 寸法線を配置したいところでクリックする。

⑪ 指示した位置に詳細寸法が配置される。

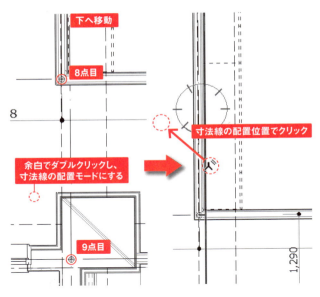

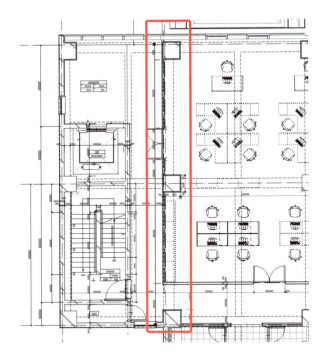

05　配置した寸法線を分離して移動する

寸法線を編集する時はペットパレットを使うが、なかでもよく使う編集方法を紹介する。まず、配置した寸法線を2つに分離して一方を別の位置に移動する機能だ。プランの変更があり、図と寸法線が一部重なってしまった場合などに使える。

① [線形寸法ツール]がオンになっていることを確認する。前項で配置した寸法線を Shift キーを押しながらクリックして寸法線を選択する。ここでは「1,210」の寸法より上の連続寸法を分離して移動する。

詳細　[矢印ツール]以外のツールがオンになっているときは、Shift キーを押しながら選択したい要素の上でクリックすると、その要素を選択できる。

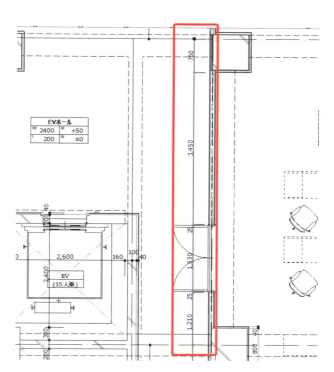

② 分離の位置として「1,210」の寸法値上側の寸法線上でクリックする。ペットパレットが表示されるので[寸法線を分離]をクリックし、寸法線を移動したい位置をクリックで指示する。

詳細　寸法値「1,210」より下側の寸法線上でクリックすると、「1,210」から下側(図の「4,950」の方向)が移動対象となる。このように分離移動する寸法線は、寸法値をはさんで移動したい側の寸法線上をクリックして指示する。

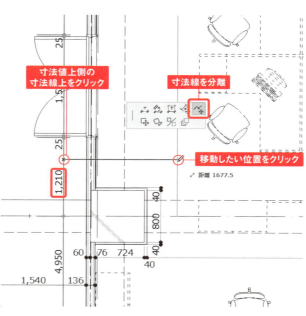

③ クリックした位置(ここでは元の寸法線より右側)に寸法線が移動する。

詳細 クリックでの位置指定の代わりに座標情報の[距離](②の図参照)に数値を入力しても寸法線が移動できる。

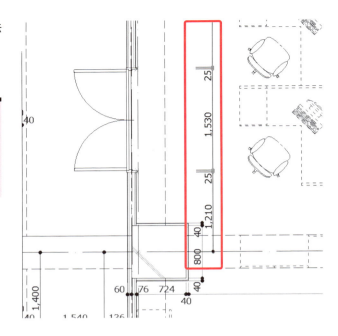

06 作成済みの寸法線に寸法を追加する

作成済みの寸法線に新たな寸法を追加する方法を解説する。

① [線形寸法ツール]がオンになっていることを確認し、屋内階段側の通路に配置されている寸法線上で Shift キーを押しながらクリックして寸法線を選択する。

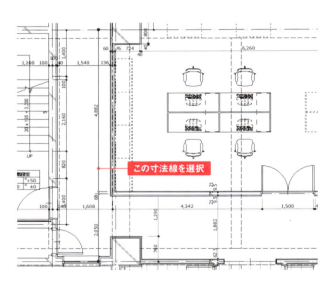

② ここでは廊下の有効幅の寸法を追加する。選択した寸法線上でクリックしてペットパレットを表示する。[寸法点を挿入/結合]をクリックし、1点目として図の柱の仕上出隅でクリックをする。

③ 再び、選択した寸法線上でクリックしてペットパレットを表示する。[寸法点を挿入/結合]がオンになっていることを確認し、2点目として図の間仕切り壁の出隅でクリックする。廊下の有効幅「1,222」mmの寸法が追加される。

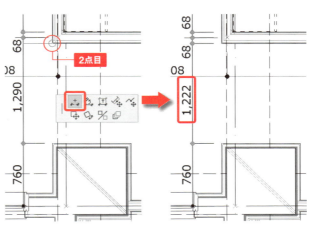

詳細

寸法の追加はショートカットキーを使ってもできる。作図済みの寸法線を選択し、追加したい要素の寸法点を Ctrl キーを押しながらクリックするだけだ。

07 寸法点を別の点に変更する

最初に指定した寸法点を別の点に変更して寸法を取り直す方法について解説する。

① ナビゲータパレットの[ビュー一覧]より「演習」フォルダ→「e）モデルから実施設計図面を作成」→「平面詳細図」→「3. 寸法を取り直したいポイントに変更する」をダブルクリックして、事務所1の躯体柱付近の平面図ウィンドウを開く。

② [線形寸法ツール]がオンになっていることを確認して Shift キーを押しながら図の寸法マーカー上にカーソルをのせ、「レ」点になったらクリックしてマーカーを選択する。選択したマーカー上でもう一度クリックして、ペットパレットを表示する。

③ ペットパレットの[寸法点を移動]をクリックし、新たな寸法点としたい梁要素の端部と躯体柱の交点でクリックする。

④ 寸法マーカーが梁の側面に移動し、寸法値も「400」から「500」に変更される。

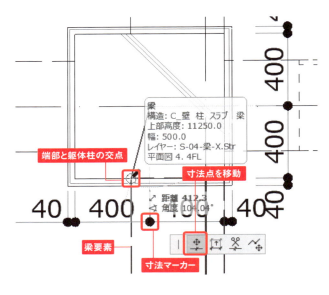

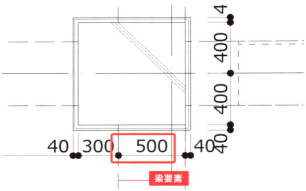

詳細

寸法をとる場合、それぞれの要素の「∨」チェックマークになる端点でクリックすると円形の基準点を表示する。この円形の基準点はその寸法要素を移動したり伸縮させたりすると、寸法値や寸法位置も連動することを意味している。逆に、「∨」チェックマークの端点ではないところを寸法点としてクリックすると、矩形の基準点を表示する。この矩形の基準点は固定寸法になることを示していて、その寸法が属する要素を移動したり伸縮させたりしても寸法値や寸法位置は連動しない。

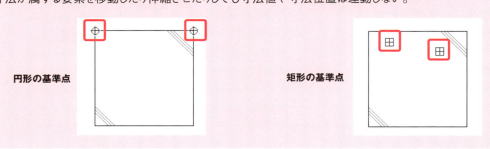

円形の基準点　　　　矩形の基準点

08　詳細寸法自動作成ツール（VIPツール）

VIPツールの「詳細寸法自動作成ツール」は、躯体図や詳細図などの寸法を自動生成する便利なツールだ。ここでは選択した複数の窓の開口寸法を一括で入力する操作方法を紹介する。詳しい設定や操作方法については、GRAPHISOFT VIP serviceのダウンロードページで「VIPアドオンツールリファレンスガイド」をダウンロードして参照されたい。

次の図はA通の2通から4通までの外壁を表示した平面図だ。ここに配置されている5カ所の窓に対して一括で開口寸法を入力する。

① [矩形選択ツール]を選択し、情報ボックスで[選択方法：1フロア]と[図形作成法：矩形]をオンにする。

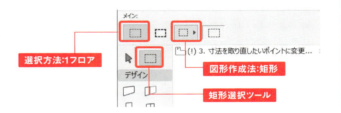

② 開口寸法を入力する窓をすべて選択するように、図の範囲を矩形で囲んでおく。

③ ツールボックスの[窓ツール]をオンにして、[編集]メニューの[窓を全て選択]を選択すると、先に[矩形選択ツール]で囲まれた範囲の窓がすべて選択される。

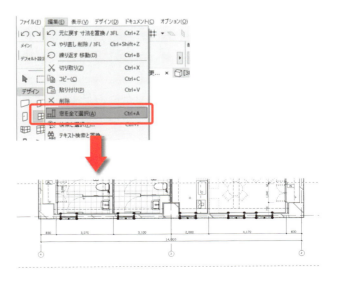

④ [オプション]メニューから[詳細寸法自動作成ツール]→[パレット表示]を選択し、詳細寸法自動作成ツールのパレットを表示する。[寸法設定]をクリックする。

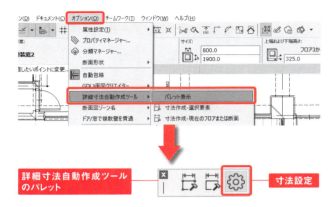

⑤ [詳細寸法自動作成ツール設定]ダイアログボックスが開く。次のように設定し、[OK]ボタンでダイアログボックスを閉じる。
- 左側の項目「開口」
[平面図と平面3Dドキュメント]パネル
- 作成寸法線設定「公称サイズ」
※開口の有効幅。窓/ドアを選択した際にピンク色の節点を表示する開口幅の範囲
- 基準点からの距離「-700」
※壁基準線から寸法線までの距離。数値の前に「-」を入れると壁の外側に寸法線を配置する

詳細 作成寸法線設定で「壁開口」を選択すると、躯体開口寸法として寸法線を配置できる。「公称サイズ」は意匠図で、「壁開口」は施工図でという形に使い分けることができる。

⑥ 詳細寸法自動作成ツールのパレットの[寸法作成:選択要素]をクリックすると、選択している5カ所の窓に対して寸法線が一括入力される。[ESC]キーを2回押して窓の選択と矩形選択を解除する。

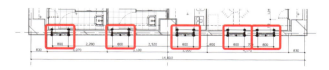

Tips 情報ボックスに表示する内容をカスタマイズする

設定ダイアログボックスにある項目を情報ボックスでも表示したい場合は、情報ボックスの余白部分で右クリックして、[情報ボックス]を選択する。表示された[作業環境]ダイアログボックスの左のリストで[情報ボックス]、中央のツールで[線形寸法ツール]が選択されていることを確認する。右のリストで情報ボックスに追加する設定(ここでは[配置方法])の目玉マークをクリックして表示にし、[OK]ボタンでダイアログボックスを閉じれば設定は完了だ。

情報ボックスに追加した設定が確認できない場合は、情報ボックスの上でマウスのホイールボタンを前後に回転すると、情報ボックスがスクロールしてすべての設定が確認できる。

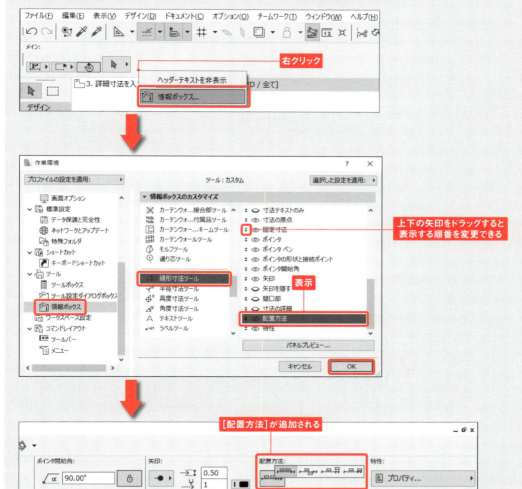

09 [カスタムテキスト]で寸法に書き込みを追加する

寸法に寸法値以外の書き込みを追加したい場合は[カスタムテキスト]設定を使う。ここでは、階段の片側の流れ寸法に踏面寸法と段数を追記する方法を解説する。

① ナビゲータパレットの[ビュー一覧]より「演習」フォルダ→「e)モデルから実施設計図面を作成」→「平面詳細図」→「3. 書き込み寸法[カスタムテキスト]をつかって」をダブルクリックして、屋内の階段室付近の平面図ウィンドウを開く。

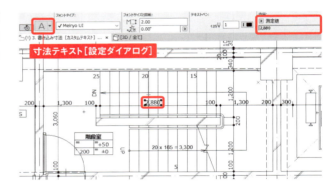

② [矢印ツール]で測定値の寸法値「2,880」を選択し、情報ボックスの寸法テキスト[設定ダイアログ]ボタンをクリックする。

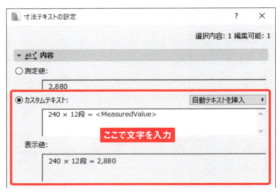

③ [寸法テキストの設定]ダイアログボックスが開く。[カスタムテキスト]を選択し、<MeasuredValue>の前に「240×12段=」と入力する。この「<MeasuredValue>」がここでの測定値「2,880」となる。[OK]ボタンをクリックしてダイアログボックスを閉じる。

④ 選択した寸法値に書き込みが追加される。

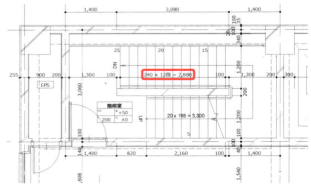

Tips 情報ボックスから[測定値]と[カスタムテキスト]を切り替える

寸法値を選択して情報ボックスにある[内容]の黒い矢印ボタンをクリックすると、寸法値の表示を[測定値]か[カスタムテキスト]に切り替えられる。また情報ボックスで[カスタムテキスト]を選択するとその下にテキストボックスが表示されるため、ここからでも文字の入力がおこなえる。ただ、[寸法テキストの設定]ダイアログボックスの[カスタムテキスト]のほうが入力枠が大きいので、確認や入力がスムーズだ。

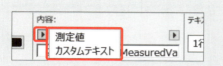 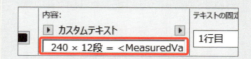

2 断面詳細図を作成

基本設計時に使用した1:100の断面図から、実施設計図として1:50の断面詳細図を作成する。断面詳細図をビュー保存する方法のほか、フロアレベル線を配置する方法や、仕上げ情報の書き込みなどの便利な方法についても説明する。

01 [ビューを保存]で断面図を断面詳細図に

[ビューを保存]機能で基本設計のB-B断面図を実施設計のB-B断面詳細図へと編集する。

① ナビゲータパレットの[ビュー一覧]より「演習」フォルダ→「e) モデルから実施設計図面を作成」→「断面詳細図」→「S2. B-B断面図」をダブルクリックする。

詳細 本書付録ファイルではこの項の操作結果「S2B-B断面詳細図」をあらかじめ用意しているが、ここでは同名でビュー保存する操作をおこなう。

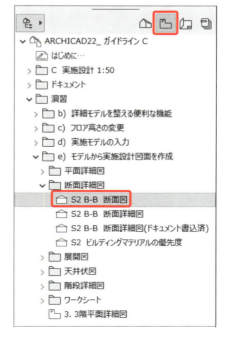

② 断面図ウィンドウが開く。このB-B断面図は基本設計時の1:100断面図だが、この断面図をベースに「ビュー保存」で断面詳細図を作成する。

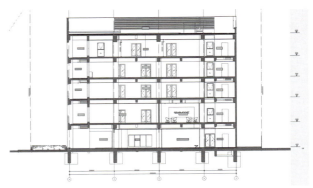

③ ビューの保存先フォルダを指定する。ここでは「e) モデルから実施設計図面を作成」フォルダを選択しておく。

④ 断面図ビューのタブの上で右クリックし、[ビューとして保存]をクリックする。

⑤ [ビューを保存]ダイアログボックスが開く。現在の[一般]パネルの設定を確認する。
- レイヤーセット「B-05断面図」
- スケール「1:100」
- 構造表示「モデル全体」
- ペンセット「B-基本図面ペン(断面図)」
- モデル表示オプション「B_基本設計」
- 表現の上書き「B_基本設計」

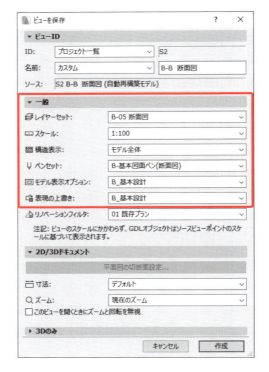

⑥ ⑤で確認した設定を、断面詳細図にするため次のように変更し、[作成]ボタンでダイアログボックスを閉じる。

[ビューID]パネル
- 名前「カスタム」→「B-B断面詳細図」と入力

[一般]パネル
- レイヤーセット「C-05断面詳細図」
- スケール「1:50」
- 構造表示「モデル全体」※変更なし
- ペンセット「C-モノクロ図面ペン（詳細図）」
- モデル表示オプション「C_実施設計」
- 表現の上書き「C_実施設計」

⑦ 1:50の「B-B断面詳細図」として③で選択したフォルダ内の一番下にビュー保存される。保存したビューを開くと、壁や床などがあらかじめ実施設計用にモデリングしておいた複合構造で表示され、断面詳細図らしいビューが確認できる。

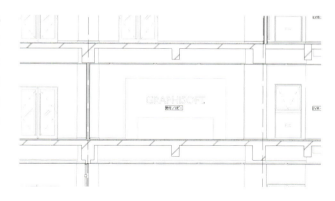

02　[断面図設定] でフロアレベルラインを入れる

断面詳細図にフロアレベルのラインを入れるには、[線ツール]で線を引くのではない。[選択した断面図の設定]ダイアログボックスにある[フロア高度]パネルから設定する。

① 断面図ビューのタブの上で右クリックし、[断面図設定]を選択する。

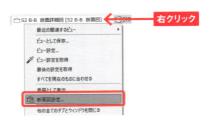

② [選択した断面図の設定]ダイアログボックスが開く。[フロア高度]パネルで次のように設定し、[OK]ボタンでダイアログボックスを閉じると、フロアレベル記号の間を結ぶようにラインが表示される。
- フロア高度の表示タイプ「表示と出力」
- フロア高度線種「通り芯」
- フロア高度線ペン「0.10mm/ペン番号255」
- [マーカーとフロア高度線]にチェック※表示設定
- 境界へオフセット「0」※両端とも

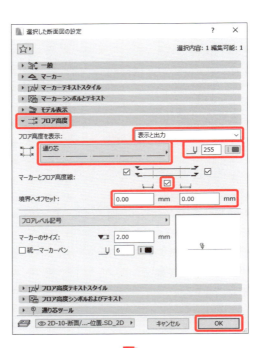

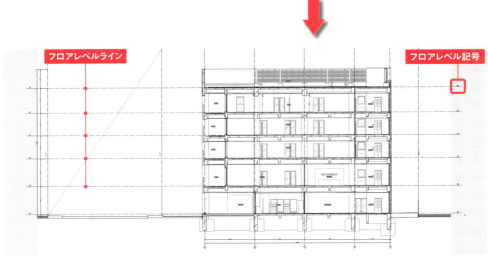

詳細

手順②の［選択した断面図の設定］ダイアログボックスのフロア高度の表示タイプで選択した［表示と出力］は、断面図ウィンドウ上でフロアレベル記号とフロアレベルラインを表示して出力もする設定だ。他に［なし］と［表示のみ］の設定があるが、［なし］を選択すると、フロアレベル記号とフロアレベルラインがすべて非表示になり、出力もしない。［表示のみ］を選択すると断面図ウィンドウ上で表示はするが出力はしない設定になる。

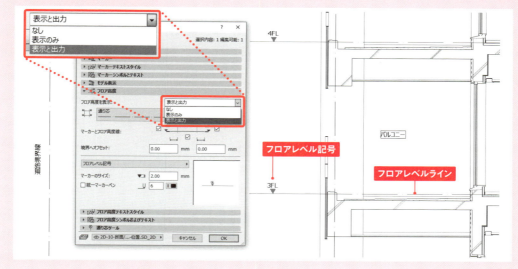

03 断面詳細図に寸法や書き込みを追加する

次の図はドキュメントツールの［線形寸法ツール］で詳細寸法を配置し、［ラベルツール］で床の仕上げを書き込み、［線ツール］で開口部を示す線の書き込みをおこなった断面詳細図だ。この3つの設定について解説する。

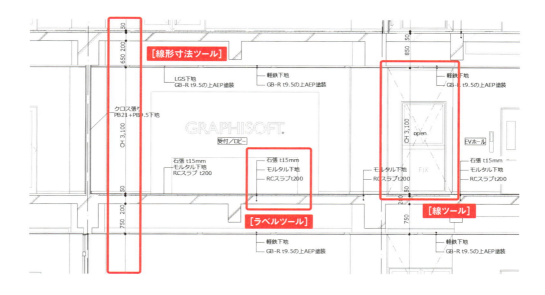

① ナビゲータパレットの[ビュー一覧]より「演習」フォルダ→「e) モデルから実施設計図面を作成」→「断面詳細図」→「S2 B-B 断面詳細図(ドキュメント書込済)」をダブルクリックして、2階受付付近の断面図ウィンドウを開く。

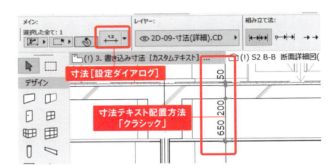

② [線形寸法ツール]で作成した寸法テキストの位置を編集してみよう。
2階受付/ロビーの天井高さを示す寸法線を[矢印ツール]で選択し、情報ボックスの寸法[設定ダイアログ]ボタンをクリックする。

③ [選択した線形寸法の設定]ダイアログボックスが開く。[寸法の詳細]パネルで次の設定を変更したら[OK]ボタンをクリックしてダイアログボックスを閉じる。
  ● 寸法テキスト配置方法「クラシック」→「フレキシブル」
  ● レイヤー「2D-09-寸法(詳細).CD」※詳細図用に準備した寸法のレイヤー

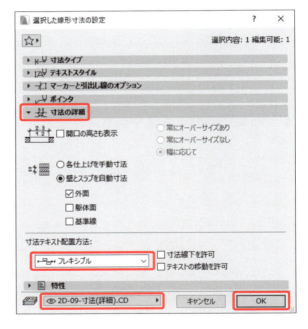

④ 寸法テキストの配置方法が「フレキシブル」に変更される。

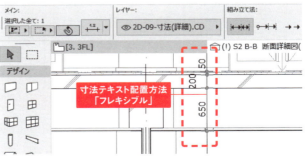

⑤ 次に[ラベルツール]の設定を確認する。2階受付/ロビーの床仕上げを示す引出線付文字を[矢印ツール]で選択し、情報ボックスのラベル[設定ダイアログ]ボタンをクリックする。

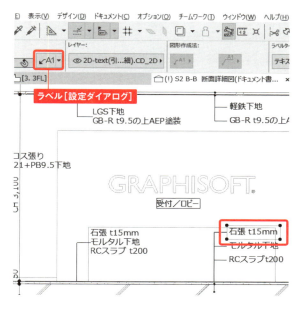

⑥ [選択したラベルの設定]ダイアログボックスが開く。次の設定を確認し、[OK]ボタンをクリックして、ダイアログボックスを閉じる。
[タイプとプレビュー]パネル
- ラベルタイプ「テキスト/自動テキスト」

[参照線]パネル
- [ポインタの追加/削除]ボタンをクリックして「線表示」をオン
- 線種「実線」
- 直線ペンカラー「1」
- 「中央接続ポインタ」を選択
- 「直線ポインタ」を選択
- 線の角度「90°」、[ロック]はオフ
- 矢印「黒丸」
- 矢印サイズ「0.50」mm※「0.10」が最小の大きさ
- 矢印ペンカラー「1」

レイヤー「2D-text(引出線付詳細).CD_2D」※詳細図用に準備したラベルのレイヤー

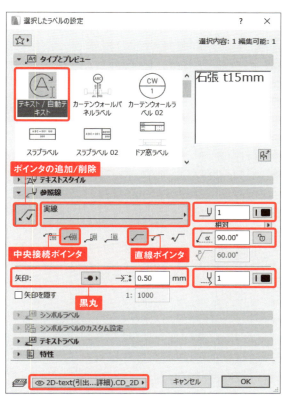

⑦ 最後に[線ツール]の設定を確認する。2階EVの廊下部分に壁が無いことを示す線を[矢印ツール]で選択し、情報ボックスの線[設定ダイアログ]ボタンをクリックする。

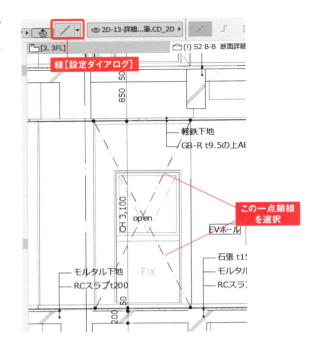

> **詳細**
> この図では情報ボックスの図形作成法で[単一]を選択して線を描いている。

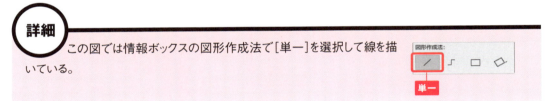

⑧ [選択した線の設定]ダイアログボックスが開く。[一般設定]パネルの次の設定を確認し、[OK]ボタンをクリックしてダイアログボックスを閉じる。
- 線種「1点鎖線」
- 直線ペンカラー「2」※細線を意識して選択
- 矢印「なし」
- レイヤー「2D-13詳細図加筆.CD_2D」※詳細図の書き込み用に準備した線のレイヤー

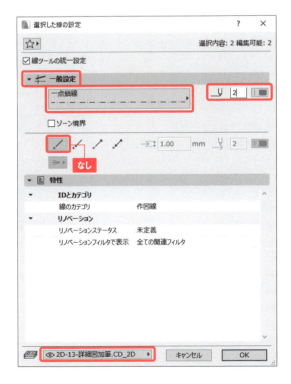

04 断面詳細図のビルディングマテリアルの優先度

ここではガイドラインの実施設計モデルの断面詳細図を見ながら[ビルディングマテリアルの優先度](P.25〜29)を確認してみよう。

① ナビゲータパレットの[ビュー一覧]より「演習」フォルダ→「e)モデルから実施設計図面を作成」→「断面詳細図」→「S2 ビルディングマテリアルの優先度」をダブルクリックする。

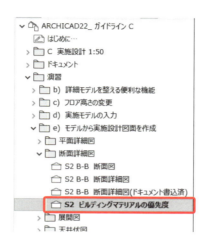

② 3階バルコニー付近の断面図ウィンドウが開く。[矢印ツール]で図の3つの要素を選択する。

詳細
まず1つの要素をクリックしてから Shift キーを押し、残りの2つの要素をクリックする。

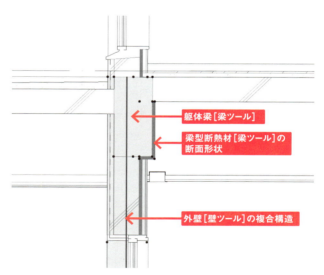

- 躯体梁[梁ツール]
- 梁型断熱材[梁ツール]の断面形状
- 外壁[壁ツール]の複合構造

③ [オプション]メニューから[属性設定]→[ビルディングマテリアル]を選択し、[ビルディングマテリアル]ダイアログボックスを開く。

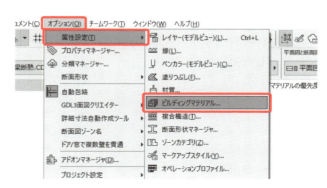

④ ②で選択した3つの要素を構成するビルディングマテリアルがグリーンハイライトで表示される（図は並び替えた状態。以下Tips参照）。選択した6種類の[優先度]を確認すると、躯体の梁や壁の「C_壁柱スラブ梁」がもっとも大きく、[交差の優先度]が「980」となっている。外壁の複合構造の内断熱材「断熱材-硬質ウレタンフォーム」は「950」となっている。その結果、上記断熱材は躯体梁天端と同じ高さまでモデリングしているが、優先度の見えがかりで躯体の梁が勝って前に表示され、断熱材は梁下で切れた表示になる。また、外壁の複合構造はGL工法で、GLボンドの「C_壁下地_GL工法」と石膏ボード「石膏ボード-耐火」は梁型断熱材[断熱材-硬質ウレタンフォーム]より[優先度]が小さいため、梁型断熱材に負けて下に表示される。結果、内断熱材と梁型断熱材がつながった詳細図になる。確認したら[OK]ボタンをクリックしてダイアログボックスを閉じる。

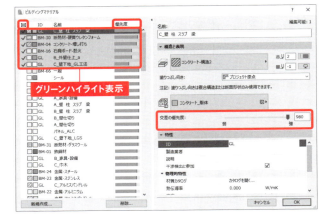

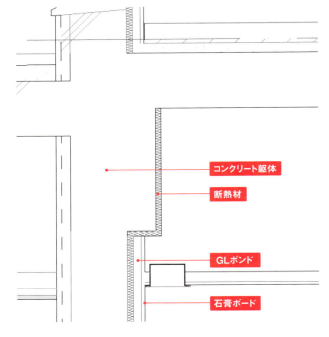

Tips　選択したビルディングマテリアルを優先度順に並べる

実施設計の平面詳細図や断面詳細図ではビルディングマテリアルの優先度を調整してモデリングすることが多くなり、「詳細図として整える＝ビルディングマテリアル優先度の調整」とも言える。
詳細図のディテールで見えがかりの優先度を調整する際は、調整をしたい要素を選択して[ビルディングマテリアル]ダイアログボックスを開く。次に左側のリスト上部にある[優先度]の文字部分をクリックして、優先度の昇順[▲]または降順[▼]を選ぶ（クリックを繰り返すと切り替わる）。次に[選択した要素のハイライト表示]のアイコンをクリックすると、選択した要素が先に指定した[優先度]の昇順または降順でリスト上部に並ぶ。この状態で並べ替えておけば、右側にある[交差の優先度]の数値の調整と確認がしやすくなる。せっかちな設計者にとってはかかせない便利な手法だ。

02 ツールを使って詳細図を作成

前項で基本設計モデルを引き継いで実施設計図の「平面詳細図」と「断面詳細図」を作成する方法について解説したが、ここからは実施設計用に編集をおこなった詳細モデルから、新たに「展開図」「天井伏図」「階段詳細図」「蹴上部分詳細図」「建具表」を作成するための各種ツール設定と、各種図面に必要な書き込みをおこなう2Dツールについて解説する。

1 展開図を作成

3階の事務所と2階のレストランの展開図をモデルから作成する。展開図に必要なモデルをきちんとモデリングしておけば展開図マーカーを部屋の中心に置くだけで、その部屋の展開の絵ができあがる。ここでは3階の事務所はモノクロの展開図で、2階のレストランはカラーの展開図で作成する。

01 展開図をモノクロで作成する

下図の矩形で囲まれた部分が「事務所1」になる。ここの展開図を[展開図ツール]で切り出す手順を解説する。なお、ここでおこなう[展開図ツール]の各種パネル設定は、[断面図ツール]や[立面図ツール]の各種パネルにも共通した設定が多い。そのこともふまえて確認していこう。

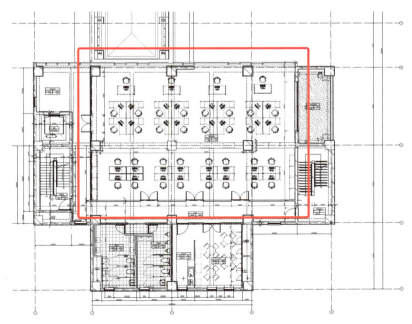

① ナビゲータパレットの［ビュー一覧］ボタンをクリックして、リストから「演習」フォルダ→「e) モデルから実施設計図面を作成」→「展開図」→「3.3階平面詳細図（展開図）」をダブルクリックして、3階の平面図ウィンドウを開く。

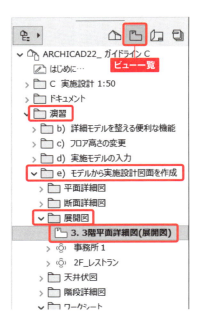

詳細

［展開図ツール］を使って「展開図マーカー」を配置する前に、［ゾーンツール］で配置した室名の［ゾーンスタンプ］を表示しておくことがポイントだ。なぜなら展開図マーカーはゾーンの室名を認識して配置できるからだ。ここでは参考として、すでに「事務所1」の展開図マーカーを配置しているが、この先の操作練習で同じ部屋に新たな展開図マーカーを配置しても別の新しい展開図ウィンドウを作成するので、同じ展開図が重なって作成されることはない。

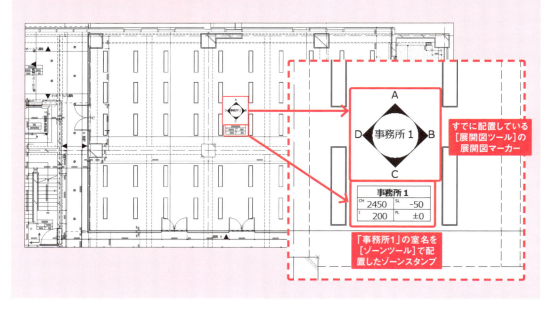

② ツールボックスの[展開図ツール]を
ダブルクリックする。

③ [展開図のデフォルト設定]ダイアロ
グボックスが開く。あらかじめモノク
ロ図面を作成する設定を[お気に入
り]に登録してあるので、[お気に入
り]ボタンをクリックし、ポップアッ
プを表示する。

④ [お気に入り]のポップアップから「☆
ガイドライン」→「C_実施」→「C_展開
図 モノクロ ハッチング有」を選択し、
[適用]ボタンをクリックする。

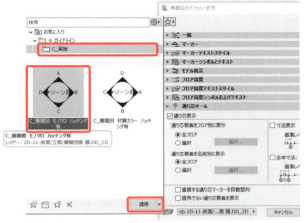

⑤ [展開図のデフォルト設定]ダイアロ
グボックスに戻る。モノクロ設定の内
容(次ページ以降に続く)を確認した
ら、[OK]ボタンでダイアログボック
スを閉じる。
[一般]パネル
- 名前「自動テキスト」→「<Zone
Name>」
- 表示フロア「3.3FL」
- 水平範囲「無限」
- 垂直範囲「有限」
- 展開図の配置フロア「3.3FL」
- 垂直範囲上限「2450」
- 垂直範囲下限「0」

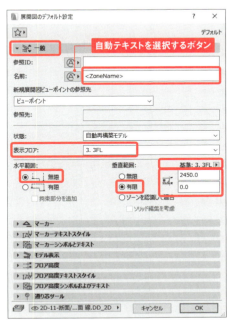

詳細　[名前]の[自動テキスト]に[<ZoneName>]を選択すると、配置したゾーンスタンプの室名を認識する。[垂直範囲上限]には、天井高さの数値を入力する。

[マーカー]パネル
- マーカー配置「展開図グループ共通の単一マーカー」
- マーカータイプを選択「共通展開図(IE)マーカー1」
- マーカーのサイズ「15mm」

[マーカーシンボルとテキスト]パネル
[マーカーテキスト]タブページ
- 内側テキスト「カスタム」「水平」、[展開図名]にチェック
- 外側テキスト「カスタム」「水平」左上から「A」「B」「C」「D」と入力

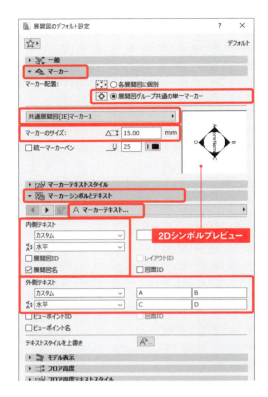

詳細

[マーカー]パネルにあるマーカーの2Dシンボルプレビューは、[マーカーシンボルとテキスト]パネルの各種設定との組合せで展開図マーカーが変化するので、この2つのパネルを展開した状態で編集するとマーカーの形状が確認しやすい。

[モデル表示]パネル
[投影要素]ページ
- 投影表面を塗りつぶし「統一ペンカラー」
- 投影表面ペン「(-1)背景色」
- [ベクトル3Dハッチング]にチェック

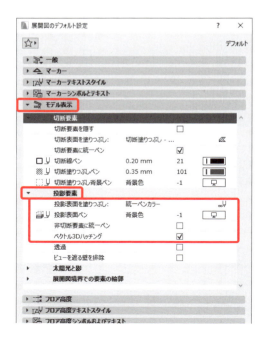

[フロア高度]パネル
- フロア高度を表示「表示と出力」
- フロア高度線種「実線」
- フロア高度ペン
  「ペン番号6(0.15mm)」
- [マーカーとフロア高度線]左側のみにチェック
- フロア高度マーカータイプを選択「フロアレベル記号」
- マーカーのサイズ「2mm」

[フロア高度テキストスタイル]パネル
- フォントタイプ「MeiryoUI」
- フォントサイズ「2mm」

[フロア高度シンボルおよびテキスト]パネル
[フロア高度マーカー配置]タブページ
- [マーカーヘッドを表示]にチェック
- フロア名配置「上部」
- 左張り出し「250」
- 右張り出し「1000」

▶をクリックして次のタブページへ移動

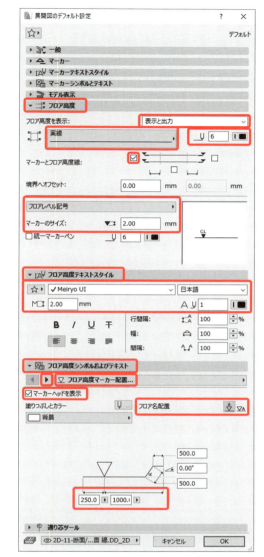

[フロア高度シンボルおよびテキスト]パネル
[フロア高度マーカーテキスト]タブページ
- 表示名「フロア名」

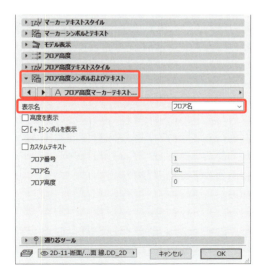

[通り芯ツール]パネル
- [通り芯表示]にチェック
- 通り芯要素をフロア別に表示「全フロア」
- 通り芯要素を名前別に表示「全フロア」

レイヤー「2D-11-断面/立面/展開図面線.DD_2D」

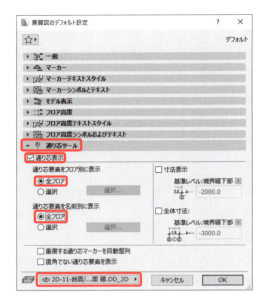

> **詳細**　[通り芯要素をフロア別に表示]または[通り芯要素を名前別に表示]で[選択]を選ぶと、表示したいフロアまたは通り芯記号のみをそれぞれ設定できる。

⑥ 設定した展開図マーカーを配置する。情報ボックスで図形作成法の[矩形]ボタンをクリックする。

> **詳細**　[展開図ツール]は切り出す面によって図形作成法を選択する。たとえば真四角な部屋であれば[矩形]が適しているし、一部壁が斜めになっている場合は[ポリゴン]を選択する。また一面ずつ切り出す場合は[単一]を、部屋が斜め四角形の場合は[回転矩形]を選択する。

⑦ ここではあらかじめクリックするポイントをホットスポットで配置している。最初に「事務所1」の部屋左下の壁面入隅部分の点❶でクリックし、マウスを右上へ動かす。次に部屋の壁面内側とカーテンウォールの外面との交点❷でクリックする。これで作成する展開図4面を「部屋境界線」で指示できた。

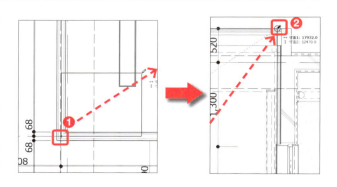

⑧ マウスを移動すると、4本の線と方向を示す三角矢印がカーソルに追随して表示される。これが各面からの距離（立ち位置）を示す「展開図マーカー線」だ。クリックで位置を確定すると展開図マーカーも配置される。

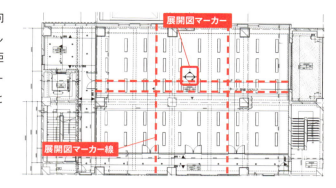

⑨ 作成した展開図は［プロジェクト一覧］に保存される。ナビゲータパレットの［プロジェクト一覧］ボタンをクリックし、「展開図」フォルダを開くと、図形作成法の［矩形］ボタンで4面を一括作成した「事務所1」展開図がグループとして作成されていることが確認できる。

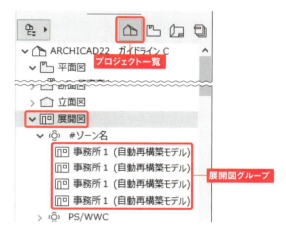

02 展開図をビュー保存する

［ビューを保存］ダイアログボックスの［一般］パネルの各種環境設定を組み合わせて、一部屋4面の展開図を一括でビュー保存する方法を解説する。

① ナビゲータパレットの［プロジェクト一覧］に作成された事務所1の展開図グループ名「#ゾーン名」を選択する。

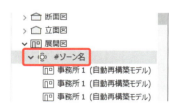

② 展開図グループ名の上で右クリックし、［現在のビューを全て保存］を選択する。

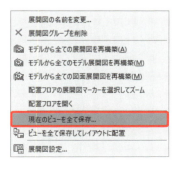

③ [ビューを保存]ダイアログボックスが開く。次のように設定し、[作成]ボタンをクリックしてダイアログボックスを閉じる。

[ビューID]パネル
- 名前「プロジェクト一覧」→「事務所1」

[一般]パネル
- レイヤーセット「C-06展開図」
- スケール「1:50」
- 構造表示「モデル全体」
- ペンセット「C-モノクロ図面ペン(詳細図)」
- モデル表示オプション「C_展開図」
- 表現の上書き「C_展開図」

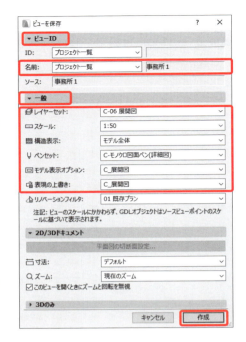

④ ナビゲータパレットの[ビュー一覧]ボタンをクリックし、リストの一番下を確認するとビュー保存された展開図グループが確認できる。

⑤「事務所1」展開図グループを開き、各ビューの名前を選択して[特性]パネルの[ビューID]にそれぞれ展開図記号のアルファベットを入力する。[ビューID]に展開図記号を入力しておけば、図面タイトルにも表示できるので便利だ。

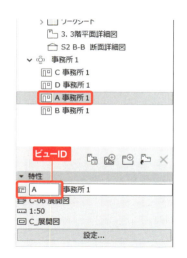

詳細 展開図グループ内の図面の順番は解説と異なる場合がある。

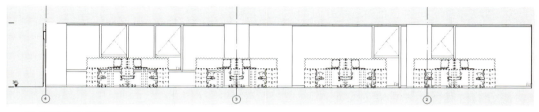

「A 事務所1」展開図

Tips　平面図を下図として参照表示する

展開図を作成しているときに、建具の位置を調整して平面図でもその位置を確認したい場合は、「参照表示」を使うと便利だ。参照表示をするには、ナビゲータパレットの[ビュー一覧]で参照したい図面名を選択して右クリックし、[参照として表示]を選択する。参照表示する平面図は、展開図ウィンドウの展開方向に合わせて自動的に平面図全体が回転され、建具や柱の位置と合わせて表示される。

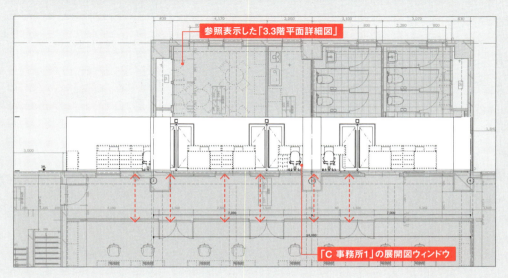

03 展開図のビューを調整する

展開図マーカーを配置した後に、展開図を表示する奥行の範囲などを調整したい場合は、「展開図マーカー線」や「部屋境界線」の位置を変更してビューを調整する。

(1) 展開図の奥行範囲を変更する

① 配置した展開図マーカー線を Shift キーを押しながら選択する。その線上でクリックしてペットパレットを表示し、[辺をオフセット] を選択する。

② たとえば柱より下(前)へ展開図マーカー線を移動すると、奥行の範囲が変更されて柱が展開図ウィンドウで表示されなくなる。

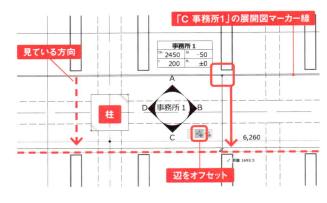

(2) 部分的に奥行範囲を変更する

① 展開図マーカー線を選択し、その線上でもう一度クリックしてペットパレットを表示し、[分割およびオフセットを挿入] を選択する。

② 展開図マーカー線上でクリックすると、その位置で分割される。それぞれマーカー線の位置を移動して部分的に奥行範囲を変更することができる。

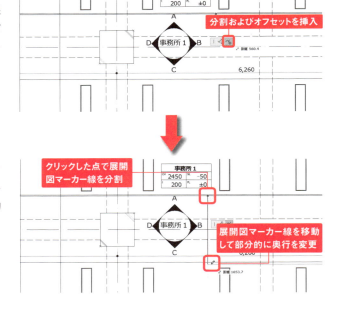

詳細　1本の展開図マーカー線を分割すると、マーカー線が2本に増える。増えたマーカー線に[分割およびオフセットを挿入]を使えば、さらに分割することができる。展開図の見える奥行範囲を細かく設定したい場合に便利だ。

(3) 展開図で表示する壁の位置を変更する

① 「A 事務所1」の展開図マーカー線を Shift キーを押しながら選択し、情報ボックスの[展開図水平範囲]で「有限奥行き」を選択して部屋境界線を表示する。

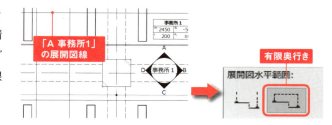

② カーテンウォール側に表示された部屋境界線上でクリックしてペットパレットを表示し、[辺をオフセット]を選択する。

③ 展開の壁面として表示させたい位置までドラッグしてクリックすると、展開図の壁の表示が変わる。

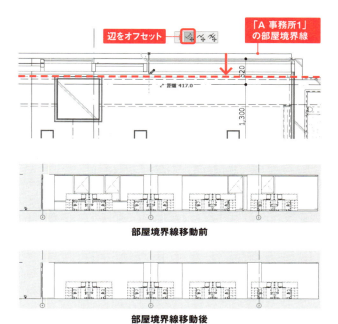

部屋境界線移動前

部屋境界線移動後

(4) 不要な面を削除する

① ここでは「A 事務所1」の展開図マーカー線を Shift キーを押しながら選択し、右クリックして[削除]を選択する。

② 「展開図の削除は元に戻せません。」という[警告]ダイアログボックスが表示される。ここでは[そのまま削除する]ボタンをクリックする。

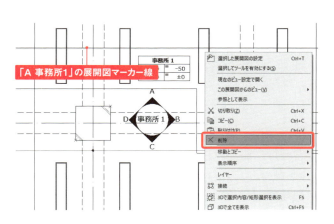

③ 展開図マーカーから「A」の部分が削除される。これは「A 事務所1」の展開図を削除したことを意味する。

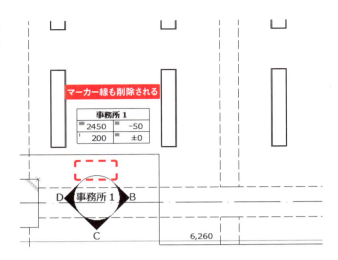

詳細

「事務所1」の展開図マーカーをクリックして選択し、右クリックして［グループの全ての展開図を復帰］を選択すると削除した面の展開図を元に戻すことができる。ただし2Dツールの書き込みは戻らない。

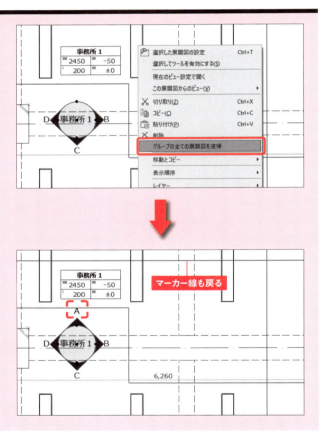

Tips 奥行の範囲を塗りつぶしで表示する

展開図ツールの設定ダイアログボックスの[水平範囲]で[無限]または[有限](P.171)を選択すると、展開図マーカー線から展開図として切り出す位置までの奥行を、無限(奥行の指定なし)とするか、有限(奥行を指定)とするかを指定できる。[表示]メニューから[表示オプション]→[ソースマーカーを強調表示]を選択すると、平面図上にこの奥行の範囲が黄色の塗りつぶしで表示される。

[無限]の場合は展開図マーカー線から部屋境界線までの一部が塗りつぶしで表示される。[有限]の場合は展開図マーカー線から指定位置までがすべて塗りつぶされ、その範囲に入っていないモデル要素は展開図に表示されない。この2つの[水平範囲]の特徴を活かして展開図を作成するとよい。

奥行範囲を示す塗りつぶしの色は、[オプション]メニューから[作業環境]→[画面オプション]で開くダイアログボックスの[ソースマーカーカラー]で変更できる。

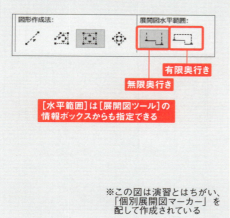
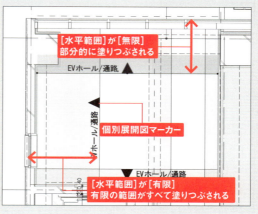

※この図は演習とはちがい、「個別展開図マーカー」を配して作成されている

04 展開図をカラーで作成する

店舗設計の図面などでは展開図をカラーで表現して、仕上げなどの図面表現に用いることが多い。ここではカラー表現にする方法を[展開図ツール]の設定で解説する。

① ナビゲータパレットの[ビュー一覧]ボタンをクリックして、リストから「演習」フォルダ→「e)モデルから実施設計図面を作成」→「展開図」→「2F_レストラン」→「Bレストラン2F」をダブルクリックする。

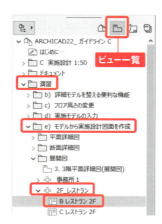

② モノクロの2階レストランの展開図ウィンドウが開く。

③ カラー表現の展開図は展開図の設定ダイアログボックスの[モデル表示]パネルを編集して作成する。展開図ビューのタブの上で右クリックし、[展開図設定]を選択する。

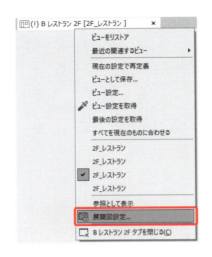

④ [選択した展開図の設定]ダイアログボックスを開く。[モデル表示]パネルの「投影要素」ページの「投影表面を塗りつぶし」が「なし」になっているので[元の材質カラー(シェードなし)]に変更し、[OK]ボタンでダイアログボックスを閉じる。これで[材質]ダイアログボックスの[表面カラー]が反映され、カーテンウォールのガラス面やソファ、椅子などがカラー表現される。

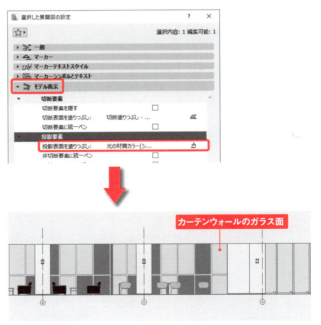

カーテンウォールのガラス面

詳細

[投影表面を塗りつぶし]を選択すると右端に表示される▶ボタンから、4つの項目が選択できる。

- [なし]:面に色なし
- [統一ペンカラー]:面に1色で色付けをする
- [元の材質カラー(シェードなし)]:[材質]の表面カラー(影無し)
- [元の材質カラー(シェードあり)]:[材質]の表面カラー(影有り)

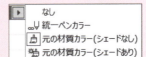

05 仕上げのカラーを変更する

前項で[選択した展開図の設定]ダイアログボックスの「元の材質カラー(シェードなし)」で展開図をカラー表現に切り替えたが、カラー(色)自体を変更したいときは、[材質]ダイアログボックスからおこなう。

① [オプション]メニューから[属性設定]→[材質]を選択し、[材質]ダイアログボックスを開く。

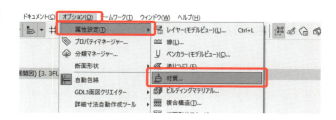

② [材質]ダイアログボックスの[効果]パネルの[表面カラー]の色を確認する。ここでは、[材質]ボタンをクリックしてカーテンウォールのガラスに割り当てている「ガラス-青」を選択して設定を確認する。[表面カラー]の水色が展開図に反映されている色だ。[表面カラー]のボックスをクリックすると[カラーの編集]ダイアログボックスが表示され、ここでカラー変更ができる。

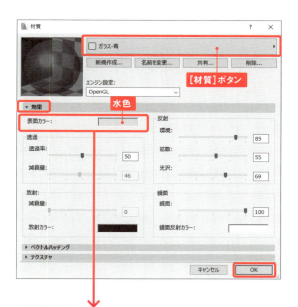

③ 好みの色に変更して[カラーの編集]ダイアログボックスの[OK]ボタンをクリックする。続いて[材質]ダイアログボックスの[OK]ボタンをクリックして閉じる。

④ 展開図に戻るとカーテンウォールのガラス面の色が変更されている。

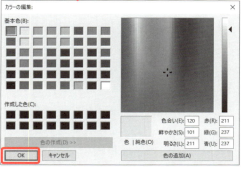

2 > 天井伏図を作成

3階の事務所の天井伏図を[3Dドキュメント]機能の「見上げ」設定で作成する。天井伏図を切り出した後、天井伏図に必要な情報の書き込みや、設備機器リストの設定なども解説する。

01 | 天井伏図を切り出す

[3Dドキュメント]で天井伏図を切り出し「見上げ図」を作成する。

① ナビゲータパレットの[ビュー一覧]ボタンをクリックして、リストから「演習」フォルダ→「e)モデルから実施設計図面を作成」→「平面詳細図」→「3.3階平面詳細図(90°回転)」をダブルクリックし、3階平面詳細図ウィンドウを開く。

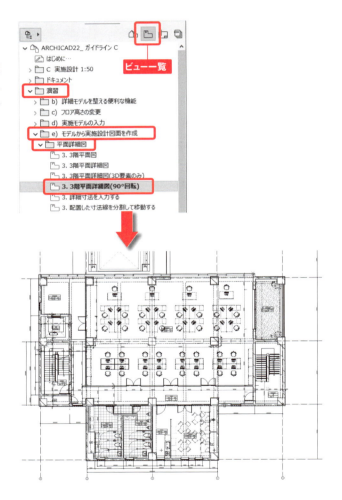

② 3階平面詳細図ウィンドウの余白で右クリックし、[平面図から新規3Dドキュメントを作成]を選択する。

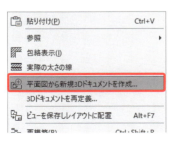

③ [新規3Dドキュメント]ダイアログボックスが開く。次のように入力し、[作成]ボタンをクリックしてダイアログボックスを閉じる。
※作成に少し時間がかかる場合がある。
- 参照ID「3D-01」
- 名前「3階天井伏図」

④ 平面図を切り出した3Dドキュメントウィンドウが表示される。「3階天井伏図」の3Dドキュメントは、ナビゲータパレットの[プロジェクト一覧]の「3Dドキュメント」フォルダ内に「3D-01 3階天井伏図（自動再構築モデル）」として自動的に保存される。

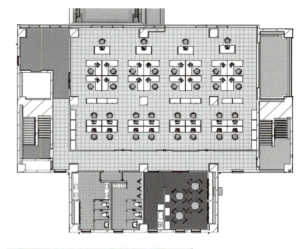

⑤ 天井伏図として切断面の高さ位置やモデル表示を変更する。3Dドキュメントウィンドウの余白で右クリックし、[3Dドキュメント設定]を選択する。

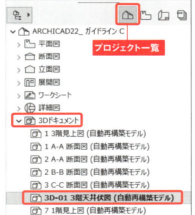

⑥ [3Dドキュメント選択設定]ダイアログボックスが開く。次のように天井伏図用の見上げの設定をし、[OK]ボタンでダイアログボックスを閉じる。

[見上げ/見下げ設定]パネル
- 切断方向「見上げ」
- 切断面「2200」※高さ
- 表示上限「1」つ「上のフロア」
- オフセット「-500」

[モデル表示]パネル
[切断要素]ページ
- 切断表面を塗りつぶし「同一材質」
- 切断表面材質「C-01」

[投影要素]ページ
- 投影表面を塗りつぶし「統一ペンカラー」
- 投影表面ペン「(-1)背景色」
- [ベクトル3Dハッチング]にチェック

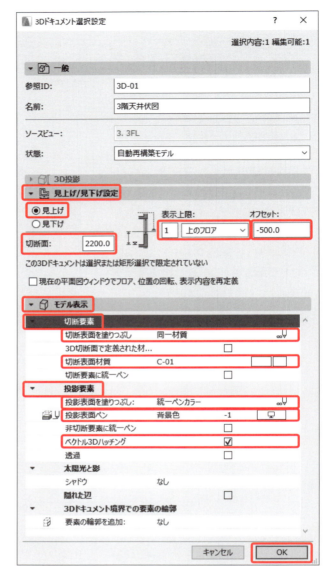

詳細

[ベクトル3Dハッチング]にチェックを入れると、[材質]ダイアログボックス(P.183)で設定しておいた[ベクトルハッチング]表現が有効になる。

⑦ 図のような天井伏図(見上げ図)が作成される。壁、柱の断面と梁の輪郭が確認できる。

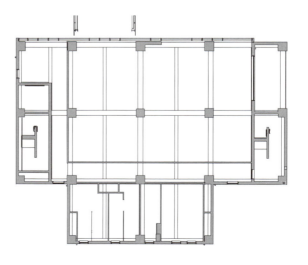

02　天井伏図をビュー保存する

［3Dドキュメント設定］で見上げの高さ設定をおこない、天井伏図を作成するベースを整えた。ここからは天井伏図で表示したい要素の［レイヤーセット］や［モデル表示オプション］、［表現の上書き］などを組み合わせて天井伏図としてのビューを保存する。

① ナビゲータパレットの［ビュー一覧］ボタンをクリックし、リストから「ARCHICAD22_ガイドラインC」を選択して、［現在のビューを保存］ボタンをクリックする。

② ［ビューを保存］ダイアログボックスが開く。次のように設定し、［作成］ボタンをクリックして、ダイアログボックスを閉じる。

［一般］パネル
- レイヤーセット「C-07天井伏図」
- スケール「1:50」
- 構造表示「モデル全体」
- ペンセット「C-モノクロ図面ペン（詳細図）」
- モデル表示オプション「C_実施設計_天井伏図」
- 表現の上書き「C_実施設計_天井伏図」

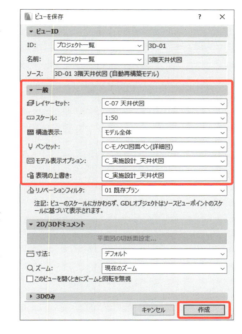

③ ナビゲータパレットの［ビュー一覧］のリスト最後にビュー保存した「3D-01 3階天井伏図」が追加される。

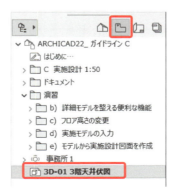

④ 同時に作成された天井伏図が自動的に開く。[3Dドキュメント選択設定] (P.186)で天井伏図の高さの範囲を調整し、[ビューを保存]で見せたい要素を組み合わせた結果、図のように天井材や照明器具のモデル表示のほか、壁や柱などの切断面を白抜きにして表示できた。ここまでは3D要素だけで作られた天井伏図になる。

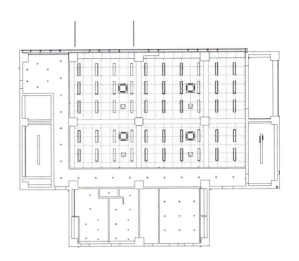

03 天井伏図にテキスト情報を加える

次の図はナビゲータパレットの[ビュー一覧]にある「演習」フォルダ→「e)モデルから実施設計図面を作成」→「天井伏図」フォルダ→「3階天井伏図」を一部拡大した図だ。天井埋込のエアコンや照明、天井点検口は[オブジェクトツール]や[ランプツール]でモデリングしている。また、「事務所1 CH=2450」の表記や仕上げ記号「a」、「誘導灯(壁付け)」などのテキストは[ラベルツール]の[プロパティラベル]と[天井ラベル]を使って各要素がもつデータを引き出し、テキスト表示している。[ラベルツール]の[天井ラベル]はスラブ要素の上でクリックするだけで、自動的に配置高さを認識して「天井高さ」の数値を表示する。ここではその[天井ラベル]の設定について紹介する。

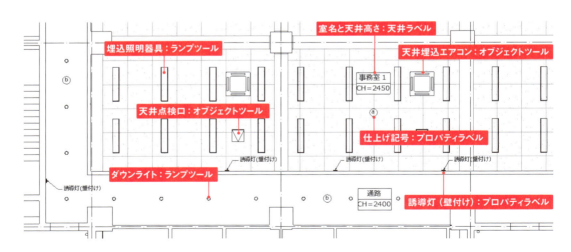

① はじめに「事務所1」の天井材として入力しているスラブの要素を選択し、[選択したスラブの設定]ダイアログボックスを開く。[形状と位置]パネルの[配置フロアまでのオフセット]が「2450」になっていることを確認しておく。この数値が天井高さとして[天井ラベル]タイプに認識される。

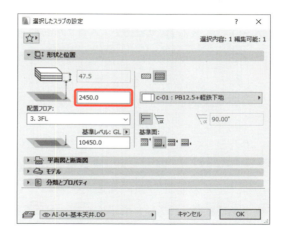

② 続いて「事務所1」の「室名と天井高さ」を表記しているラベルを選択して、[選択したラベルの設定]ダイアログボックスを開く。次の設定を確認し、[OK]ボタンでダイアログボックスを閉じる。
[タイプとプレビュー]パネル
● ラベルタイプ「天井ラベル」
[ラベル設定]パネル
● ID表示「カスタム」
● カスタムIDテキスト「事務室1」
　※手動で室名を入力
● 接頭文字「CH=」　※CH=の後に①で確認した「配置フロアまでオフセット」の数値が認識されて表示される
● 参照点「中央」の黒い点　※入力時の配置基準点

レイヤー「2D-text(天井用).CD_2D」

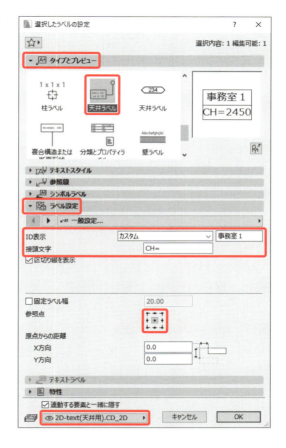

詳細
天井の仕上げ記号「a」や、引出線付の「誘導灯（壁付け）」の表示は、手動で書き込みをおこなっているのではなく、各要素の情報を引き出せる[プロパティラベル]を使って表示している。それぞれの要素を選択して設定ダイアログボックスを開き、[分類とプロパティ]パネルにある「仕上げ」ページの「記号」や、「設備リスト」ページの「設備機器名」を確認されたい。

04　天井伏図用の設備機器リストの設定

天井伏図には照明器具や空調機器などを簡易な形状のシンボルにして配置するので、そのシンボルは何を示しているのかを説明する凡例リストが必要だ。照明器具は［ランプツール］、空調機器は［オブジェクトツール］を使ってモデリングをするが、これらの異なった要素をリストにまとめるとき、以前は表作成の条件に複数のツールとレイヤーを設定しなければならない場合が多く、煩雑だった。ARCHICAD 21から追加された［分類マネージャー］機能を使えば、ユーザーが「建築要素」「構造要素」「設備要素」などのグループ（分類）を自由に作成でき、ツールの種類に関係なく要素をグループに所属させることができる。これによって表作成の条件にグループ名を指定するだけで、かんたんにリストが作成できるようになった。ここでは凡例に使用している「設備機器リスト」を例に、［分類マネージャー］を使った設定を解説する。

① 3階の「天井埋込カセット」や「天井埋込照明器具」は、あらかじめ「設備機器」というオリジナルの分類を割り当てている。［オプション］メニューから［分類マネージャー］を選択し、［分類マネージャー］ダイアログボックスを開く。

② 開いた［分類マネージャー］ダイアログボックスで次の設定を確認し、［OK］ボタンでダイアログボックスを閉じる。
- 左側のリスト内の［分類］→「設備機器」
- 左側のリスト内の［分類］の中にある［ブランチ］→「空調」「照明」「衛生」「換気」「消防」

※ ［分類］や［ブランチ］は左下にある［新規作成］のプルダウンから項目を選択して作成する

［分類定義］パネル
- ID「設備機器」※［分類］の名前
- 使用可能「モデル要素」にチェック

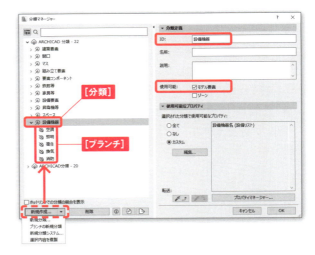

③ 続いて「3階天井伏図」に表示している「天井埋込カセット」を1つ選択して、[選択したオブジェクトの設定]ダイアログボックスを開く。次の設定を確認し、[OK]ボタンでダイアログボックスを閉じる。
[分類とプロパティ]パネル
[分類]ページ
- 「ARCHICAD分類-22」にチェック
- ブランチ「空調」※右端の三角ボタンからブランチを選択

[設備リスト]ページ
- 設備機器名「天井埋込カセット」※リストに表示する名称

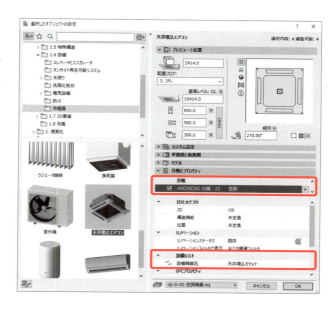

④ 最後に[分類]を使った設備機器リストの設定を確認する。[ドキュメント]メニューの[一覧表]から[一覧表設定]を選択し、[一覧表設定]ダイアログボックスを開いて次の設定を確認する。
- 左側のリスト「設備機器リスト」を選択

[基準/設備機器リスト]パネル
- 要素タイプ「等しい」「全てのタイプ」「及び」
- ARCHICAD分類-22「ブランチに含まれる」「設備機器」「及び」

※「設備機器」分類に含まれるすべてのブランチ要素を拾い出す
- 設備機器名「異なる」「誘導灯(壁付け)」

※「誘導灯(壁付け)」は除外する設定
[フィールド/設備機器リスト]パネル
- 「2D平面プレビュー」※設備機器の平面シンボルを表示する
- 「設備機器名」※「天井埋込カセット」など名称を表示する
- 「数量」※各機器の数

⑤ [OK]ボタンをクリックして[一覧表設定]ダイアログボックスを閉じる。

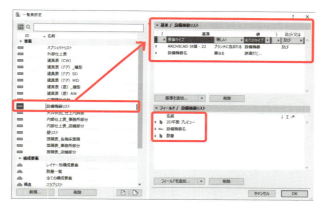

> **詳細** [一覧表]機能を使った表の詳しい作成方法については、P.202からの「4 >建具表を作成」を参照されたい。

⑥ ナビゲータパレットの[レイアウトブック]より「C_実施設計1:50」フォルダ→「詳細図 1:50」フォルダ→「A_010天井伏図」を開くと、レイアウト右上に「設備機器リスト」を確認できる。④で設定した条件でリストが作成されている。

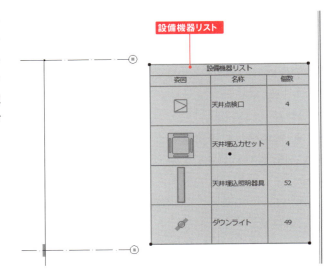

> **詳細** この「設備機器リスト」上で右クリックをして[ソースビューを開く]を選択すると[一覧表]ウィンドウに移動することができる。

3 階段詳細図と蹴上部分詳細図を作成

階段室廻りも詳細モデルに編集しておけば、[断面図ツール]で「階段詳細図」を簡単に作成できる。さらに、2D書き込み専用ウィンドウの[詳細図ツール]で、「階段詳細図」の蹴上部分の一部を囲えば「蹴上部分詳細図」を作成できる。

「階段詳細図」は平面図ウィンドウに表示した階段室部分に断面線を引いて切り出す。その時点では3D詳細モデルだけの断面図になっているが、階高さや仕上げ情報などは2Dツールの[線形寸法ツール]や[ラベルツール]で入力し、断面詳細図の体裁を整える。また部分詳細図については、可能な限り3Dツールでモデリングをしてから図面化する方法もあるが、ある程度まで詳細なモデリングをしたあと、[詳細図ツール]で切り出し、細かなディテールは[線ツール]などの2Dの書き込みで作成するのも1つの方法だ。

01 [断面図ツール]で階段詳細図を作成する

[断面図ツール]はBIMモデルをZ方向にカットするツールだ。この特徴を活かして「階段詳細図」を作成する。

① ナビゲータパレットの[ビュー一覧]ボタンをクリックして、リストから「演習」フォルダ→「e)モデルから実施設計図面を作成」→「階段詳細図」→「3.階段平面詳細図」をダブルクリックする。

② 3階の屋内階段室付近の平面図ウィンドウが開く。参考として「階段詳細図_1」の断面線をすでに配置している。この断面線と同じ設定で階段詳細図を作成する一連の流れを解説する。

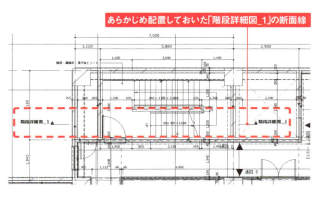

③ ツールボックスの[断面図ツール]を
ダブルクリックする。

④ [断面図のデフォルト設定]ダイアログボックスが開く。[お気に入り]ボタンをクリックしてポップアップを表示し、[お気に入り]リストを表示する。リストからあらかじめ登録しておいた「C_実施」フォルダの「C_階段詳細図」を選択し、[適用]ボタンをクリックする。[断面図のデフォルト設定]ダイアログボックスに戻るので、[OK]ボタンをクリックして閉じる。

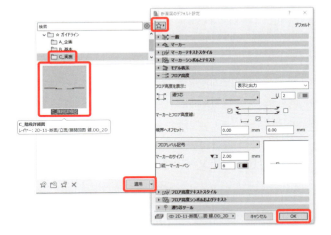

⑤ 3階の屋内階段室付近の平面図ウィンドウに戻る。ここではあらかじめクリックするポイントにホットスポットを配置しておいた。1点目として❶のあたりのホットスポットをクリックし、2点目として❷のあたりのホットスポットをクリックする。👁マークを表示する❸のあたりでクリックし、断面線を配置する。

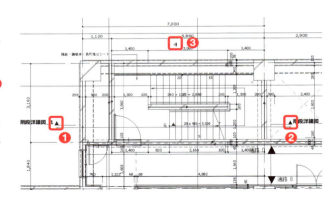

⑥ 配置した断面線を選択し、平面図ウィンドウの余白で右クリックして[断面図を新規タブで開く]を選択する。

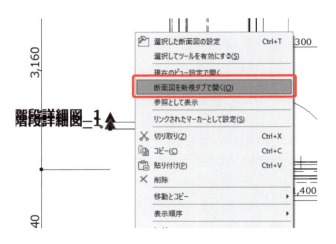

⑦ 断面線で切断された階段の断面図ウィンドウが開く。ここまでは3D要素のみの断面図になるが、ここからドキュメントツールで書き込みをおこない階段詳細図として整えていく。

詳細

手順⑥の[断面図を新規タブで開く]を選択すると、タブバーに新たな断面図タブが追加される。タブ名は手順④で適用したお気に入りの名前になり、一番前の番号は参照IDで自動設定される。

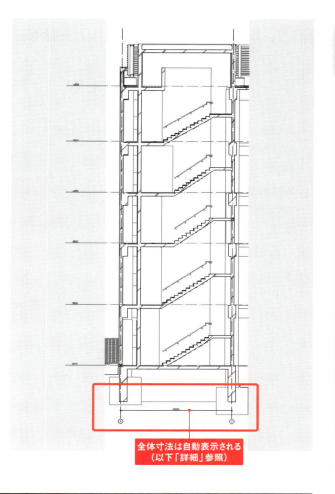

全体寸法は自動表示される
（以下「詳細」参照）

詳細

作成した断面図ウィンドウの余白で右クリックして[断面図設定]を選択し、[選択した断面図の設定]ダイアログボックスを開くと[通り芯ツール]パネルの[全体寸法]にチェックが入っている。この設定により、自動的に通り芯間の寸法が表示される。寸法線の配置位置は数値（ここでは「300」）を入れて調整する。

02　階段詳細図の書き込みとビュー保存

ここではあらかじめビュー保存をしておいた階段詳細図を開き、ドキュメントツールによる2Dの書き込みや、ビュー保存の設定について確認する。

① ナビゲータパレットの[ビュー一覧]ボタンをクリックして、リストから「演習」フォルダ→「e)モデルから実施設計図面を作成」→「階段詳細図」→「階段断面詳細図」をダブルクリックする。

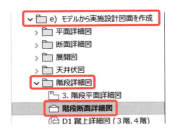

② 書き込み済みの階段断面詳細図ウィンドウが開く。図で表記しているドキュメントツールで書き込みをしている。

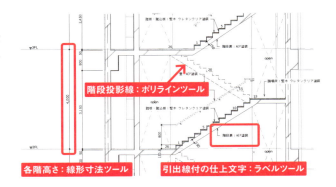

③ ナビゲータパレットに戻り「階段断面詳細図」ビューを選択して、[ビュー設定]ボタンをクリックする。

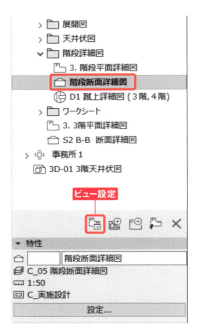

④ [ビュー設定]ダイアログボックスが開く。次の設定を確認したら[OK]ボタンをクリックして閉じる。

[ビューID]パネル
- 名前「カスタム」「階段断面詳細図」

[一般]パネル
- レイヤーセット「C_05階段断面詳細図」
- スケール「1:50」
- 構造表示「モデル全体」
- ペンセット「C-モノクロ図面ペン（詳細図）」
- モデル表示オプション「C_実施設計」
- 表現の上書き「C_実施設計」

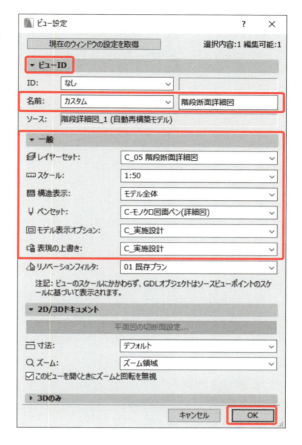

詳細
クイックオプションバーでも[一般]パネルの各種属性設定が確認できる。

03　[詳細図ツール]で蹴上部分詳細図を作成する

[詳細図ツール]は、2Dの書き込み専用ウィンドウを作成する。たとえば断面詳細図のある部分をクローズアップして部分詳細図（ディテール）を作成する場合に使うツールだ。この[詳細図ツール]は、平面図や断面図ウィンドウのほか、展開図ウィンドウでも使える。

① 階段断面詳細図ウィンドウが開いている状態で、ツールボックスの[詳細図ツール]をダブルクリックする。

② [詳細図のデフォルト設定]ダイアログボックスが開く。[お気に入り]ボタンをクリックしてポップアップを表示し、[お気に入り]リストを表示する。リストからあらかじめ登録しておいた「C_部分詳細図」を選択し、[適用]ボタンをクリックする。[詳細図のデフォルト設定]ダイアログボックスに戻るので、[OK]ボタンをクリックして閉じる。

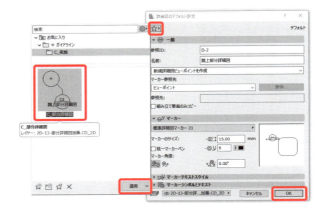

③ 断面図ウィンドウに戻る。情報ボックスの図形作成法で[矩形]を選択する。

④ 階段の蹴上断面の一部を囲んで詳細図ウィンドウを作成する。1点目として❶のあたりをクリックし、2点目として❷のあたりをクリックする。次に⚒マークを表示する❸のあたりでクリックする。

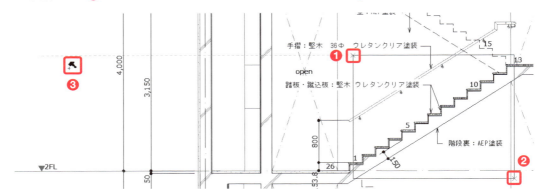

⑤ 詳細図マーカーが配置される。

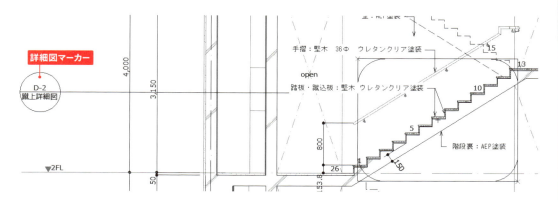

⑥ 詳細図マーカーの円の中心部を Shift キーを押しながらクリックしてマーカーを選択する。右クリックし、[現在のビュー設定で開く]を選択する。

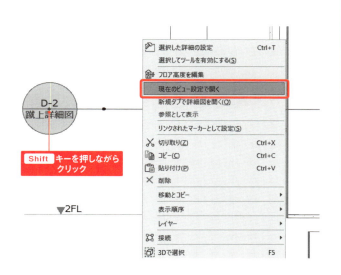

⑦ 詳細図ウィンドウが開く。点線で囲まれた範囲が④で囲んだ部分になる。この時点ですべて線が2Dの線分やポリラインなどに変換される。「蹴上部分詳細図」は[プロジェクト一覧]の「詳細図」フォルダ内に「D2 蹴上部分詳細図（図面）」名で自動保存される。

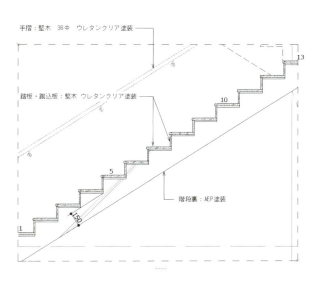

⑧ ナビゲータパレットに戻り、すでに書き込みをおこなってビュー保存した「D1蹴上詳細図（3階,4階）」をダブルクリックして開く。

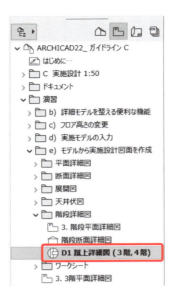

⑨ 開いた詳細図の書き込みは図のドキュメントツールで作成している。

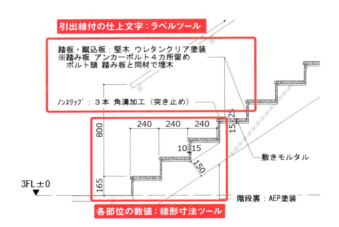

⑩ 次にナビゲータパレットで「D1蹴上詳細図（3階,4階）」が選択されていることを確認して［ビュー設定］ボタンをクリックする。

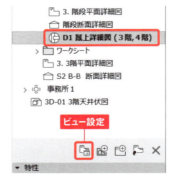

⑪ [ビュー設定]ダイアログボックスが開く。次の設定を確認し、[OK]ボタンでダイアログボックスを閉じる。

[ビューID]パネル
- ID「カスタム」「D1」
- 名前「カスタム」「蹴上詳細図（3階、4階）」

[一般]パネル
- レイヤーセット「C_05階段断面詳細図」
- スケール「1:10」
- ペンセット「C-モノクロ図面ペン（詳細図）」
- モデル表示オプション「C_実施設計」

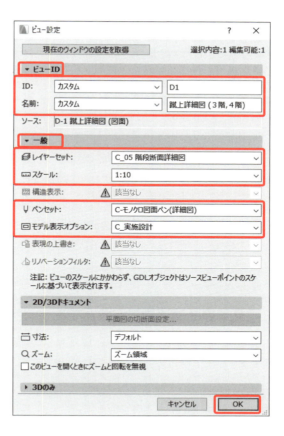

4 建具表を作成

2D CADで建具表を作成する場合、建具の姿図を作図して必要な情報を書き込むといった作業が必要だが、BIMアプリケーションではこのようにして一から建具表を作る必要はない。建物モデルを作り上げていく過程でドアや窓のサイズ、仕上げなどの設計情報を入力しながらモデリングをしていくので、平面図や断面図、パースなどの図として表現をするだけではなく、入力したパラメータの情報（設計情報）を拾い集めて、自動的に建具表を作成できるのだ。

このような建具表などを作成する機能が[一覧表]機能だ。[一覧表]機能はパラメータの情報を拾い集めて表にするだけではなく、一覧表ウィンドウでドアや窓のサイズや、各種仕様の変更もでき、変更した内容はモデルに反映されるので、それに関わるすべての図面にその変更内容が正確に伝わる。双方向で変更内容が伝わるというもっとも身近にBIMを実感できる機能だ。

01 建具表の一覧表設定を確認する

まずは[プロジェクト一覧]から「建具表（窓）AW」一覧表をダブルクリックして、一覧表の設定を確認してみよう。

① ナビゲータパレットの[プロジェクト一覧]ボタンをクリックし、「ARCHICAD22ガイドライン_C」フォルダ→「一覧表」→「要素」→「建具表（窓）AW」をダブルクリックし、一覧表ウィンドウを開く。これはアルミ窓のみの建具表だ。

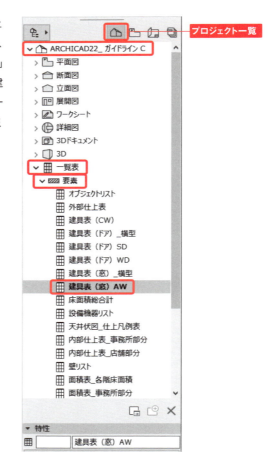

② 一覧表ウィンドウの左の列が表のスタイルや文字の種類、文字の大きさ、行の高さ、その線のカラーなどを設定する「形式オプション」だ。右側は表の設定を確認できるプレビューウィンドウで、セルを選択して編集もおこなえる。

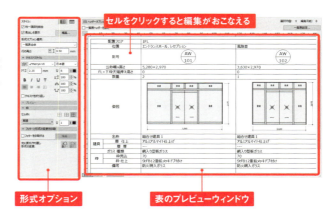

③ 一覧表ウィンドウ右上の[一覧表設定]ボタンをクリックして、[一覧表設定]ダイアログボックスを開く。

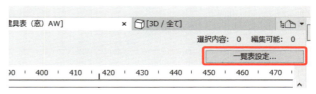

④ アルミ窓のみを取り出す次の設定を確認する。確認したら[OK]ボタンでダイアログボックスを閉じる。
- 左側の一覧表設定リスト「建具表(窓)AW」
[基準/建具表(窓)AW]パネル
- 要素タイプ「等しい」「全ての窓」「及び」
- 建具種類「等しい」「AW」「及び」
- 名前「異なる」「複数壁用窓開口」

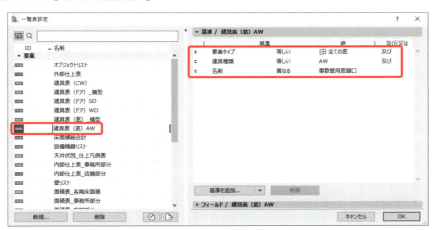

詳細

建具種類の「AW」は、窓の設定ダイアログボックスの[カスタム設定]パネル→[建具記号設定]タブページにある[建具種類]で「AW」に設定されたものが条件となる。

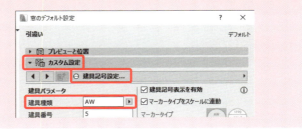

[フィールド/建具表(窓)AW]パネル
- 項目として表示するパラメータのリスト。上下矢印をドラッグして上下に移動すると順番を変更できる
- [フィールドを追加]ボタン―クリックすると使用可能なパラメータとプロパティのリストをポップアップで表示する。項目として必要なパラメータを選択して[追加]ボタンをクリックする

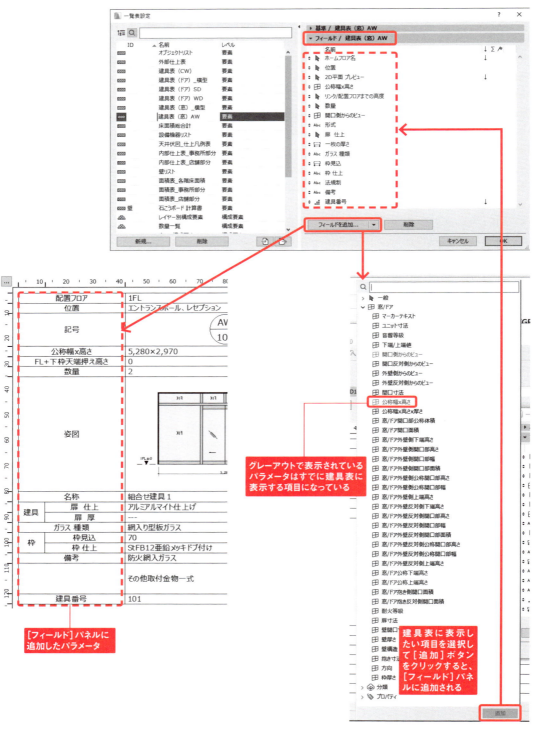

02 一覧にないパラメータを追加する

一覧表機能はパラメータ情報を拾って表にする機能だが、使用可能なパラメータとプロパティのリストにすべてのパラメータが表示されているわけではない。表示されていないパラメータは次の方法で追加する。

① 前項④で解説した[一覧表設定]ダイアログボックスの[フィールド]パネルにある[フィールドを追加]の▼ボタンをクリックして[ライブラリ部品パラメータ]を選択し、[追加オブジェクトパラメータ]ダイアログボックスを開く。

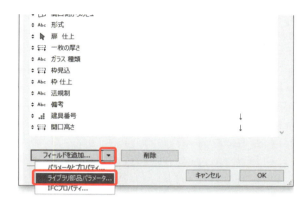

② [オブジェクトを選択]から[フォルダビュー(使用されているオブジェクトのみ)]を選択する。

③ フォルダビューの「ARCHICAD BIM ガイドライン実施設計演習.pla」から使用したいパラメータを持つオブジェクトファイル(ここでは「シンプル窓.gsm」)を選択すると、[使用可能なパラメータ]に選択したオブジェクトファイルにあるパラメータが表示される。使用したいパラメータ(ここでは開口高さ)を選択して[追加]ボタンをクリックする。

④ [選択されたパラメータ]に選択したパラメータが追加されたことを確認して[OK]ボタンをクリックする。

⑤ [一覧表設定]ダイアログボックスに戻ると、[フィールド]パネルのリストの一番下に追加したパラメータが表示される。確認したら[OK]ボタンでダイアログボックスを閉じる。

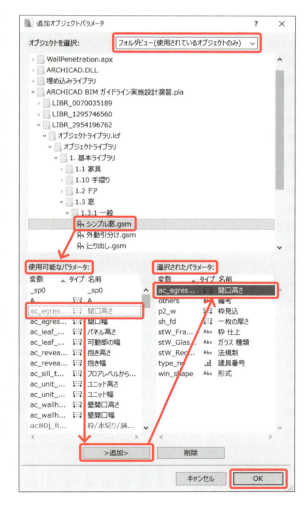

03　一覧表ウィンドウで建具表を編集する

建具表は、一覧表ウィンドウで編集できる。ここではさまざまな編集方法について解説する。

(1) セルサイズの設定と調整

形式オプションと一覧表ウィンドウとの間にある[セルサイズ設定]ボタンをクリックすると、[一覧表セルサイズ]ダイアログボックスが開き、列と行の幅や高さを数値で入力して、セルサイズを設定できる。

[一覧表セルサイズ]ダイアログボックスでは、すべてのセルサイズを設定するが、個々でセルサイズの調整をする場合は、プレビューウィンドウの上と左にあるルーラー(目盛り)の黒い太線をドラッグして列と行の幅や高さを調整する。

詳細　ルーラー(目盛り)の上でダブルクリックすると、適したセルサイズに調整できる。

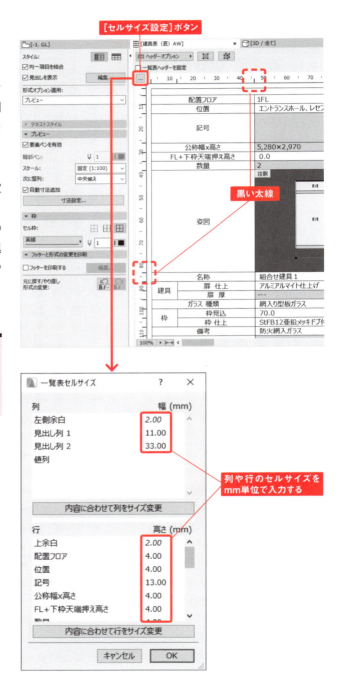

(2) セルの中に姿図をおさめる

建具の姿図がセル内におさまらない場合は、建具の姿図のセルを選択して、形式オプションの[スケール]から「固定(1:100)」を選択し、[自動寸法追加]にチェックを入れる。これでセル内に姿図をおさめて、タテヨコの有効寸法を表示する。

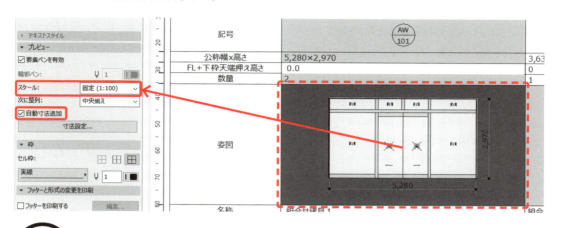

詳細 姿図や建具記号が配置されたセルと文字だけのセルでは、セル選択時に、形式オプションに表示される設定内容が違ってくる。図のように文字が記入されたセルをクリックすると、フォントの種類や大きさの設定を表示する。

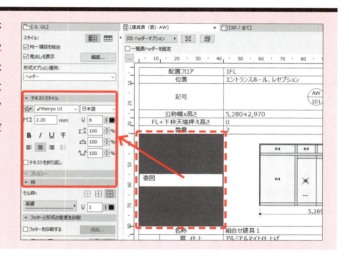

(3) 姿図に書き込みを加える

① 姿図に文字や線などを追記したい場合は、姿図のセルをクリックし、左上に表示される[注釈]ボタンをクリックして[要素プレビュー]ウィンドウを開く。

姿図に書き込みをおこなう場合にクリックする[注釈]ボタン

② [要素プレビュー]ウィンドウでは図に対して書き込みを加えることができる。ここでは、「フロアレベル記号」と「フロアライン」を書き込んだ。変更した内容を保存する場合は左上の[OK]ボタン、保存しない場合は[キャンセル]ボタンをクリックする。ここでは[OK]ボタンをクリックする。

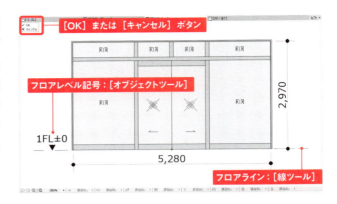

③ [要素プレビュー]ウィンドウで変更した内容が、[一覧表]ウィンドウの姿図のセルに反映される。

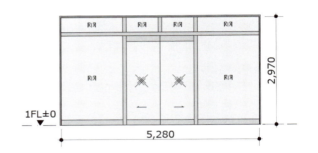

(4) セル内にヘッダーを挿入する

① 図の点線部分のように複数行のセル(「扉 仕上」と「扉 厚」)に共通なヘッダー(「建具」)を挿入できる。ここでは「備考」のセルとその下の空欄のセルにヘッダーを挿入する。まず「備考」のセルをクリックし、Shiftキーを押しながらその下のセルをクリックしてセルを2つ選択する。

② 一覧表ウィンドウの上部[ヘッダーオプション]ボタンをクリックし、[ヘッダーセルを挿入]を選択する。

③ 「結合」という文字が表示されたヘッダーセルが挿入される。「結合」という文字をクリックすると表示する文字を変更できる。また挿入されたセルの幅分その列幅が広がるので列幅を調整する。

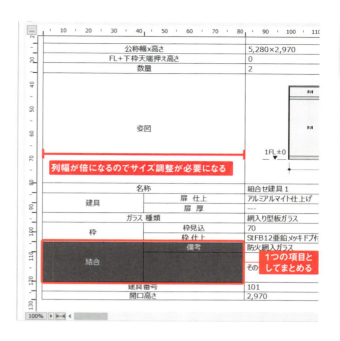

詳細 追加したセルを削除したい場合は、追加したセルを選択して一覧表ウィンドウの上部[ヘッダーオプション]ボタンをクリックし、[選択したセルを削除]を選択する。

04 建具表をビュー保存する

建具表も設計図書の1つなので、[ペンセット]や[モデル表示オプション]を指定してビュー保存しておこう。ここで作成したものは実施設計図の建具表になるため、ペンカラーはモノクロ、枠まわりは詳細表現にしてビュー保存する。

① ナビゲータパレットの[ビュー一覧]ボタンをクリックする。リストから「ARCHICAD22_ガイドライン C」を選択して、[現在のビューを保存]ボタンをクリックする。

② [ビューを保存]ダイアログボックスが開く。次のように設定し、[作成]ボタンをクリックしてダイアログボックスを閉じる。

[一般]パネル
- レイヤーセット「C-08キープラン」※建具を配置している外壁や間仕切り壁のレイヤーが表示されている
- スケール「1:100」※姿図の[スケール]設定に影響を与える
- ペンセット「C-モノクロ図面ペン(詳細図)」
- モデル表示オプション「C_建具表」※枠建具本体を詳細表現にする
- 表現の上書き「C_建具表」※ガラスなどの表面の塗りつぶしカラーをオフにする

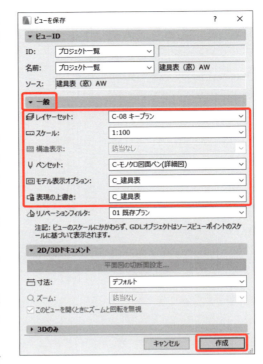

③ ナビゲータパレットの[ビュー一覧]のリストの最後に、ビュー保存した「建具表(窓)AW」が作成される。

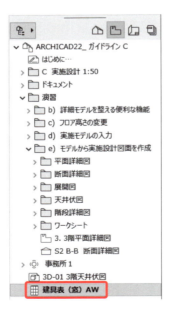

05 建具表をレイアウトする

ここでは前項でビュー保存した建具表を、レイアウトシートにある他の建具表と並べて配置する方法を解説する。

① ナビゲータパレットの[レイアウトブック]ボタンをクリックして、リストから「A_012建具表_1」をダブルクリックする。

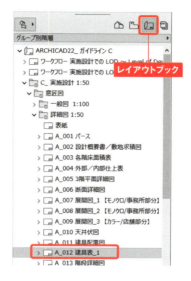

② 「A_012建具表_1」レイアウトシートが開く。A1サイズの図枠に事務所棟ビルの「建具表SD」がすでにレイアウトされている。その下の空白部分に「建具表(窓)AW」をレイアウトする。

③ ナビゲータパレットの[ビュー一覧]ボタンをクリックする。リストから前項でビュー保存した「建具表(窓)AW」をドラッグして、レイウアトシートの上にドロップする。

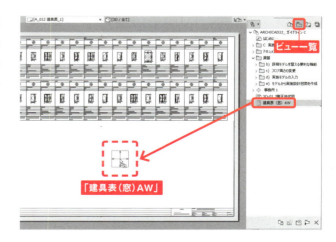

④ 「建具表(窓)AW」が横にはみ出した状態で表示される。レイアウトシートの幅で折り返した建具表に調整する。[矢印ツール]で「建具表(窓)AW」を選択する。

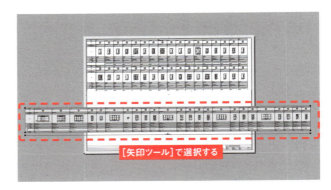

⑤ 左上の黒い節点❶でクリックしてペットパレットを表示し、[移動]を選択する。すでにレイアウトしている上の「建具表SD」の左下角❷にマウスポインタを合わせてクリックすると「建具表(窓)AW」が移動する。

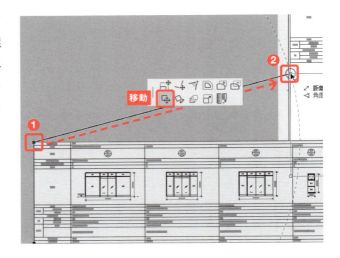

⑥ 「建具表(窓)AW」の右下の黒い節点❶でクリックしてペットパレットを表示し、[テーブルを再構築]を選択する。レイアウト範囲のラインをマウスでなぞって任意の位置❷でクリックする。

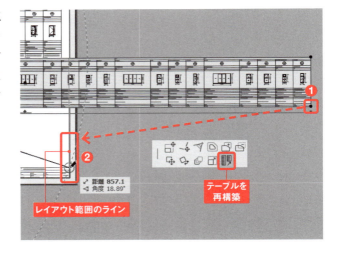

⑦ 「建具表(窓)AW」をレイアウト範囲の横幅に合わせて縦2段に折り返した状態に調整できた。

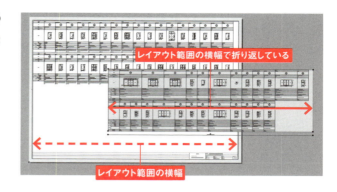

⑧ 全体の位置がずれているので調整する。選択した「建具表(窓)AW」の左上の黒い節点をクリックし、ペットパレットを表示して[移動]を選択し、「建具表SD」の左下角と「建具表(窓)AW」の左上角の位置を合わせてクリックすると図のように配置できる。

詳細

レイアウトした建具表を選択し、右クリックして[ソースビューを開く]を選択すると、編集可能な作業ウィンドウに移動する。

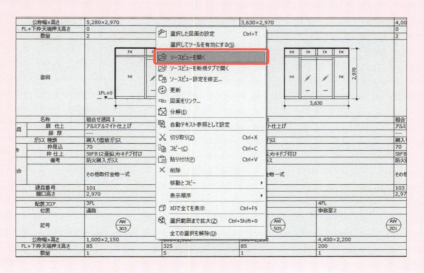

Tips　玄関シンボルをフロアレベル記号に

P.208の解説で建具表の姿図に「フロアレベル」記号を書き込んだ例を紹介した。これは[オブジェクトツール]の[基本ライブラリ]フォルダにある[2D要素]→[グラフィックシンボル]→[玄関シンボル]を編集して配置している。[オブジェクトのデフォルト設定]ダイアログボックスの[プレビューと位置]パネルから三角形の玄関シンボルのサイズを調整し、[カスタム設定]パネルで[テキスト]を書き込んだものだ。このように「フロアレベル」記号として編集したライブラリを[お気に入り]に登録しておけば、その他のウィンドウでも使えて便利だ。編集して使えそうなライブラリに出会ったらパラメータを変えてみることをおすすめする。

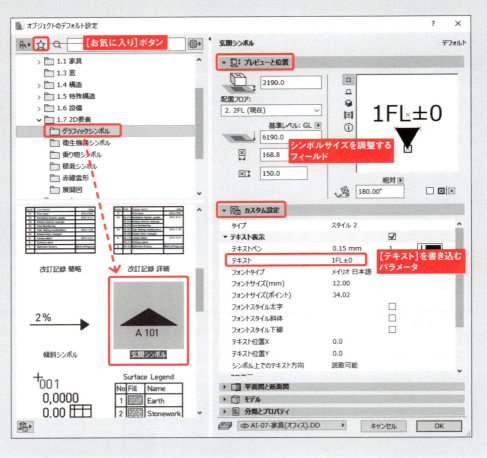

5 ［ワークシートツール］で2D要素を書き込む

BIMをはじめて間もないころ、「2D CADなら描きたい詳細図がすぐにできるのに…」とはがゆい思いをしたり、BIMに慣れたころでも「あともう少しで目指していた詳細ディテールのモデルができるのに時間が…」という状況を少なからず経験する。そんな状況を手助けしてくれるツールの1つが、2D書き込み専用の「ワークシートウィンドウ」を作成する［ワークシートツール］だ。

たとえば［断面図ツール］で切り出し、断面詳細図に仕上げた断面図ウィンドウからワークシートウィンドウを作成すると、断面図ウィンドウで保持していた3D要素が2D要素へと分解される。その時点で図面としての間違いはなく、詳細図面としてはおおよそできあがっているので、ディテールの追記や編集を2Dツールでおこない、目的の詳細図へと仕上げていくことができる。元のモデルが変更になった場合は、そのソースウィンドウから再構築すれば、モデルの変更が2Dへ分解した状態でワークシートウィンドウに反映される。［ワークシートツール］でワークシートウィンドウが作成できるのは、平面図、立面図、断面図、展開図、3Dドキュメントウィンドウだ。

ここでは［ワークシートツール］の基本的な使い方のほか、筆者らが実践している2D CADデータを詳細図に読み込む方法やレイアウトシートに重ねて設計検討する方法なども紹介する。

01 ワークシートを作成する

3D要素のみの階段断面詳細図から、［ワークシートツール］を使って2D書き込み専用のワークシートウィンドウを作成する。

① ナビゲータパレットの［ビュー一覧］より「演習」フォルダ→「e) モデルから実施設計図面を作成」→「ワークシート」→「階段詳細図_1（3D要素のみ）」をダブルクリックして、断面図ウィンドウを開く。この断面図ウィンドウに表示しているオブジェクトはすべて3D要素になる。

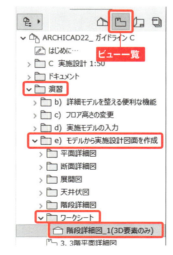

② ツールボックスの［ワークシートツール］をダブルクリックする。

③ [ワークシートのデフォルト設定]ダイアログボックスが開く。次のように設定し、[OK]ボタンでダイアログボックスを閉じる。

[一般]パネル
- 名前「階段断面詳細図」
- マーカーの種類「新規ワークシートビューポイントを作成」
- [組み立て要素のみコピー]のチェックを外す
- レイヤー「2D-19-ワークシート.SD_2D」

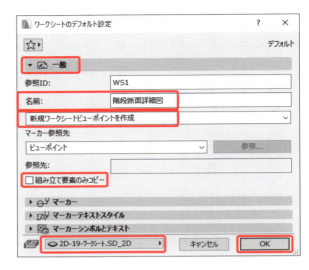

④ 断面図ウィンドウに戻る。情報ボックスの図形作成法で[境界なし]を選択する。

⑤ 断面図ウィンドウの余白でクリックすると[編集中]ダイアログボックスが表示される。[ワークシートツール]に割り当てていたレイヤーを非表示にしていたので、[レイヤー表示]ボタンをクリックし、割り当てたレイヤーを表示する。

⑥ レイヤー表示すると⑤の余白でクリックしたところに、ワークシートマーカーが配置される。

⑦ ワークシートマーカーの中央節点を[Shift]キーを押しながら選択し、右クリックして[現在のビュー設定で開く]を選択する。

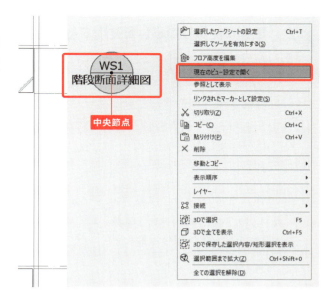

⑧ ワークシートウィンドウが作成される。断面で表示されている要素はすべて2Dに分解されている。
ツールボックスを確認すると、[オブジェクトツール]以外のデザインツールはグレーアウトして使えないが、ドキュメントツールはすべてアクティブになっていることからも2D書き込み専用ウィンドウであることがわかる。

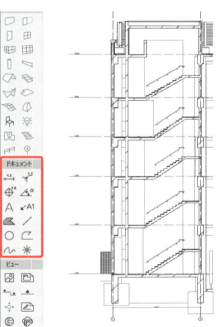

02 重複した塗りつぶしを整理する

前項の作業で3Dの断面図ウィンドウから、2D書き込み専用のワークシートウィンドウを作成したが、3D要素から2D要素へ分解すると、[線ツール]の線が同一線上で重なっていたり、分解されていたりする。これは、たとえば3D要素の[壁ツール]と[柱ツール]のある辺が重なりあってモデリングされていた場合に2Dへ分解すると、それぞれの辺が重なった状態で線分に分解されてしまうからだ。このようなときは不要な2D要素を整理する。ここではまず、重複した塗りつぶしから整理する。

① ツールボックスの[塗りつぶしツール]をクリックし、[編集]メニューから[塗りつぶしを全て選択]を選択する。

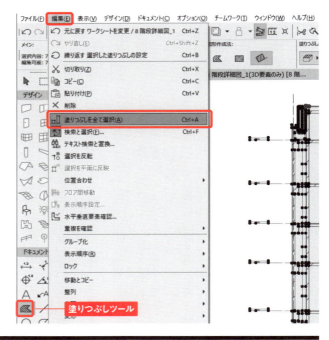

詳細 情報ボックスに選択した塗りつぶしの数が表示される。このとき[グループの一時解除]をしておくと純粋に塗りつぶしの数だけ表示される。

② 塗りつぶしを選択した状態で、[編集]メニューから[変形]→[塗りつぶしの整理]を選択する。

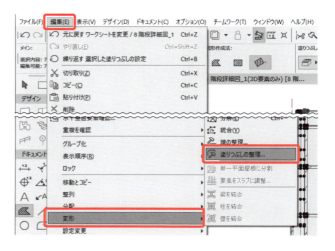

③ [塗りつぶしの整理設定]ダイアログボックスが開く。整理したい内容はケースバイケースになるが、1つの例として次のように設定し、[OK]ボタンをクリックする。
- [重複塗りつぶしを切り取り]にチェック
- [接続する同一塗りつぶしを結合]にチェック→[同じ輪郭の塗りつぶしを結合]を選択

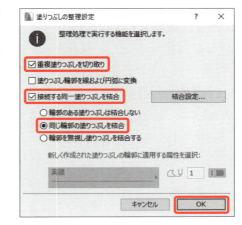

④ 情報ボックスに塗りつぶしを結合した後の数が表示される。これで重なっていた塗りつぶしが結合され、不要なものが整理される。

詳細

手順③の[塗りつぶしの整理設定]ダイアログボックスにある設定の結果については次のとおり。

[重複塗りつぶしを切り取り]：
　　　部分的または全体的に重なり合っている場合は一番上の塗りつぶしだけを残して切り取られる。また一番上の塗りつぶしの下にある他の塗りつぶしは削除される

[塗りつぶし輪郭を線および円弧に変換]：塗りつぶしの輪郭が単純な線分または円弧に分解される

[接続する同一塗りつぶしを結合]：チェックと入れると次の3つのオプションが有効になる
- [輪郭のある塗りつぶしは結合しない]　：塗りつぶしが結合されない
- [同じ輪郭の塗りつぶしを結合]　　　　：輪郭が同一の塗りつぶしだけが結合される
- [輪郭を無視し塗りつぶしを結合する]　：輪郭の有無や輪郭の同一にかかわらず、すべての塗りつぶしが結合される

[結合設定]ボタン：
　　　[接続する同一塗りつぶしを結合]を選択すると有効になる。ボタンをクリックすると[塗りつぶしの結合設定]ダイアログボックスが表示される。[レイヤー]や[カテゴリ]にチェックを入れると、それぞれの属性に関係なく塗りつぶしが結合され、右側で選択したレイヤーやカテゴリにまとめられる

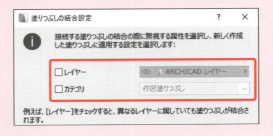

03 重複した線を整理する

引き続き、2Dに分解された線分の整理について解説をおこなう。

① ツールボックスの[線ツール]をクリックして、[編集]メニューから[直線を全て選択]を選択する。

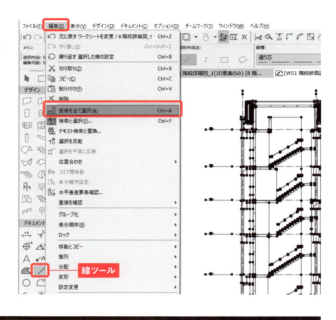

詳細 情報ボックスに選択した線分の数が表示される。このとき[グループの一時解除]をしておくと純粋に線分の数だけ表示される。

② 線分を選択した状態で、[編集]メニューから[変形]→[線の整理]を選択する。

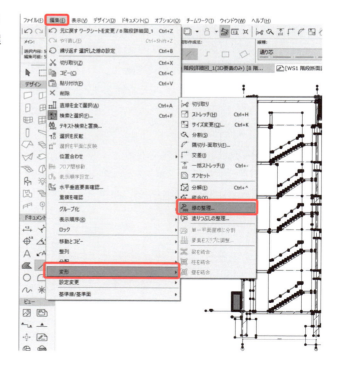

③ [線の整理ウィザード]ダイアログボックスが開く。整理したい内容はケースバイケースになるが、1つの例として次のように設定し[次へ]ボタンをクリックする。
- [全く同じ属性と位置情報を持つ重複線を削除します]にチェック
- [ポリラインを線および円弧に分解]にチェック

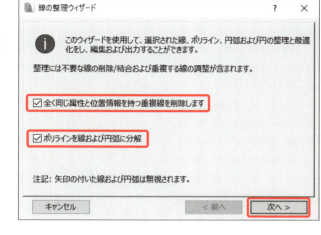

④ [レイヤー][ペン][カテゴリ]にチェックを入れるとそれぞれの属性に関係なく線が結合される。結合した属性は、ここで指定したレイヤーやペンカラー、カテゴリにまとめられる。ここでは2D分解前の3Dの属性でレイヤーやカテゴリを保持する想定のため、チェックを入れずに[次へ]ボタンをクリックする。

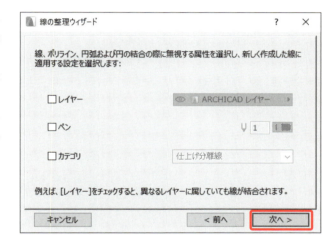

⑤ 同じ線種で接続した同一線上の線分を結合する場合は、[接続線を結合]にチェックを入れて[次へ]ボタンをクリックする。

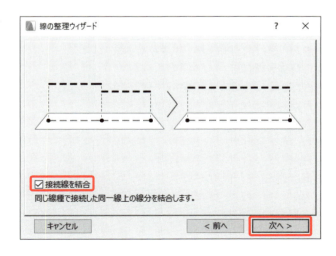

⑥ 同じ線種で一部重複している線分を結合する場合は、[重複線を結合]にチェックを入れて[次へ]ボタンをクリックする。

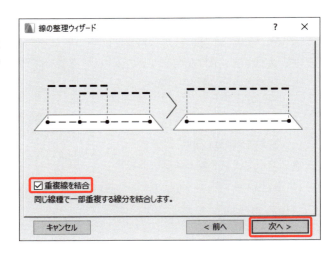

⑦ 実線が他の線種と完全に重なっていて、1本の実線にしたい場合は、[実線に強制]にチェックを入れて[次へ]ボタンをクリックする。

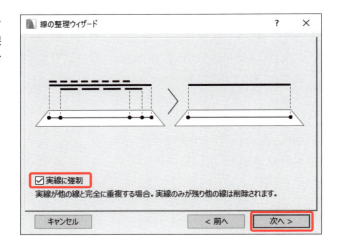

⑧ 異なる線種の2つ以上が一部重なっていて、1本の線にしたい場合は、[重複線を調整]にチェックを入れる。ただし線の種類は表示順序が一番上の線種が適用される。設定し終えたら[整理]ボタンをクリックする。

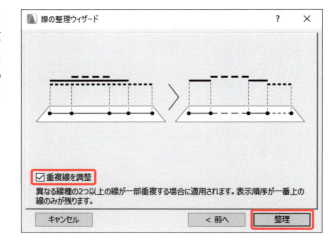

⑨ [線の整理結果]ダイアログボックスが開く。整理された結果を確認して[閉じる]ボタンをクリックする。[次回から簡易設定ダイアログを表示する]にチェックを入れると、次回からは前述した図解付きのダイアログボックスの表示ではなく、簡易なダイアログボックスの表示になる。

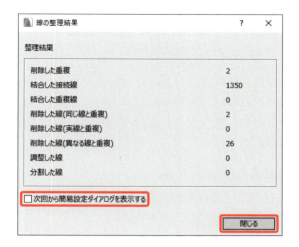

⑩ 情報ボックスに線を結合した後の数が表示される。これで線分の重なり部分が整理される。

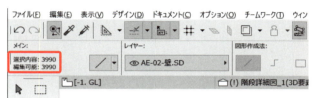

04 モデルの変更を再構築する

ワークシートウィンドウで詳細図の書き込みをおこなっているときにモデルに対して大きな変更があった場合は、[ソースビューから再構築]コマンドでその変更内容をワークシートウィンドウに再度読み込む。この時、変更内容を読み込む前にワークシートウィンドウで書き込みをした詳細図をすべて「コピー」し、バックアップとして横の余白に残しておくことをおすすめする。なぜなら新規にワークシートウィンドウを作成したときと同様に、3D要素を2D要素に改めて分解する作業になり、重複していた2D要素を整理した詳細図の上に、再び不要な2D要素が置かれてしまうからだ。

① 作図中の詳細図をすべて選択して[コピー]し、横の余白に[貼り付け]ておく。ワークシートウィンドウの余白で右クリックし、[ソースビューから再構築]を選択する。

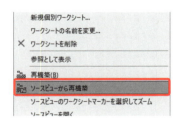

② [注意！]ダイアログボックスが表示された場合は[要素を固定に変更]ボタンをクリックして、ワークシートウィンドウ上で先に書き込みをおこなった2D要素を削除しないようにする。

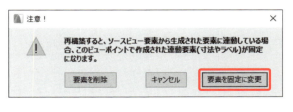

05　2Dデータの敷地図を読み込む

大規模な敷地の2Dデータを扱っていると、3Dモデルと2Dデータが同じ作業ウィンドウでは操作が重くなり作業がしにくくなる場合がある。このような場合ワークシートウィンドウに敷地の2Dデータを読み込んでおいて、作業ウィンドウを分けておくと操作が軽くなり作業がしやすい。敷地図は[参照表示]機能を使って表示し、平面図ウィンドウなどで下絵として利用する。

① ナビゲータパレットの[プロジェクト一覧]ボタンをクリックし、リストから「ワークシート」フォルダを選択して、[新規ビューポイント]ボタンをクリックする。

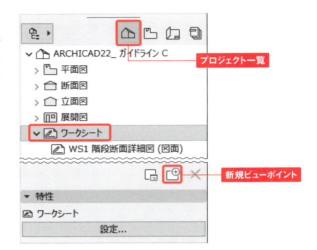

② [新規個別ワークシート]ダイアログボックスが開く。[名前]に「敷地図」と入力し、[作成]ボタンをクリックしてダイアログボックスを閉じる。

③ 新規に作成したワークシートウィンドウに移動する。ナビゲータパレットの[プロジェクト一覧]の「ワークシート」フォルダの中には「WS2敷地図（個別）」が作成される。

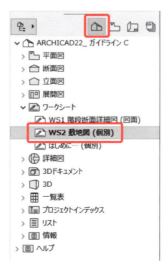

④ 敷地図の2Dデータを[外部参照]機能から読み込む。[ファイル]メニューから[外部参照]→[外部図面を配置]を選択する。

> **詳細**
> ARCHICADのレギュラー版では、ARCHICAD固有のファイル形式を[外部参照]機能で開いているプロジェクトファイルに読みこめるが、ARCHICADのsolo版ではARCHICAD固有のファイル形式が読み込めないので注意が必要だ。

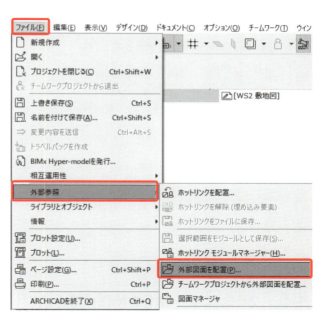

⑤ [図面を配置]ダイアログボックスが開く。読み込みたい2Dデータの保存先を開き、データ(ここでは「敷地 下図.dxf」)を選択して[開く]ボタンをクリックする。

⑥ [図面単位]ダイアログボックスが開く。[ARCHICADの1図面単位を設定]から[1ミリメートル]を選択し[配置]ボタンをクリックして閉じる。

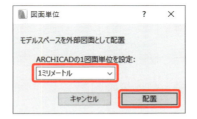

⑦ 任意の位置でも良いが、ここではわかりやすいように「プロジェクト原点」にマウスポインタを合わせてクリックし敷地図を配置する。

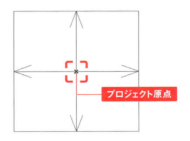

⑧ ワークシートウィンドウに読み込んだ2Dの敷地図データが表示される。[外部参照]機能から読み込んだ2Dデータは[図面ツール]の属性になり、図面シートになるためトリミングや拡大もできる。レイヤーは、データを読み込む前の[図面ツール]に設定されていたレイヤーに割り当てられる。

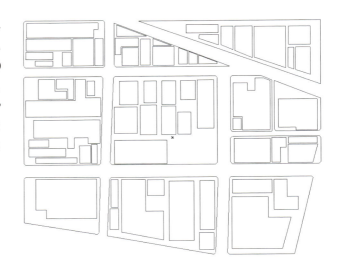

06　2DCADデータを詳細図に読み込む

サッシなどの各メーカーがインターネット上で2Dデータを提供しているが、BIMアプリケーションでもそれらを利用して詳細図を作成できる(ARCHICADで読み込める3Dオブジェクトは増えてきているが、もっと世の中に出回ることが望ましい)。次の図は住宅の平面詳細図を一部抜粋したものだ。サッシの要素モデルは3Dを保持したまま、サッシメーカーの2Dデータを平面図シンボルとして利用している。ここでは2Dデータを読み込む方法について解説する。

※練習用データはありません。方法を参照してください。

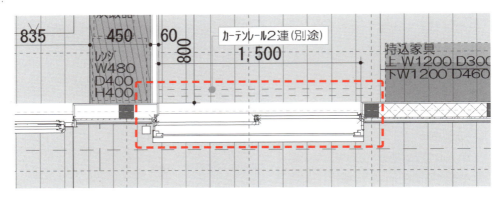

(1) 2D CADデータの読み込みと配置

① 2Dデータのサッシを配置するワークシートウィンドウを新規作成(P.224の手順①、②)する。2Dデータのサッシのファイルを新規作成したワークシートウィンドウ内へドラッグ&ドロップする。

② [図面単位]ダイアログボックスが開く。[ARCHICADの1図面単位を設定]から[1ミリメートル]を選択し[配置]ボタンをクリックして閉じる。

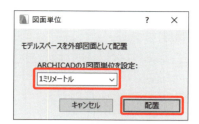

③ [配置monotxt.shx]ダイアログボックスが開く。[全て無視]ボタンをクリックする。

④ 2Dデータがワークシートウィンドウに読み込まれる。

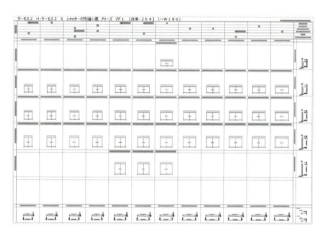

(2) 外部データを2D要素に分解する

① 読み込んだ2Dデータは図面シートになっているので、線分に分解し、平面詳細図に2Dシンボルとして配置する。読み込んだ2Dデータを選択し、右クリックして[分解]を選択する。

② [分解]ダイアログボックスが開く。[分解後、元の要素も保存]のチェックを外し、[レイヤー]で[図面のレイヤーを使用]を選択したら[OK]ボタンをクリックして閉じる。

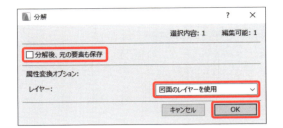

> **詳細** [図面のレイヤーを使用]を選択すると、分解されるすべての2D要素が、この操作時に[図面ツール]に設定されているレイヤーに割り当てられる。

③ サッシの平面図が線分に分解される。

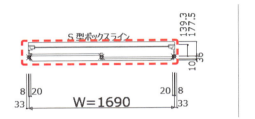

(3) 分解した要素を2Dシンボルのオブジェクトで保存

① 2Dシンボルのオブジェクトで保存する前に、サッシの背景が透けないよう塗りつぶしておく。ツールボックスで[塗りつぶしツール]を選択する。情報ボックスで次のように設定をして、塗りつぶしたい範囲を矩形で指示する。

- 図形作成法「矩形」
- 塗りつぶしのカテゴリ「作図塗りつぶし」
- 塗りつぶしの種類「背景」
- 背景色「(-1)不透過」
- 塗りつぶしの輪郭線「オフ」

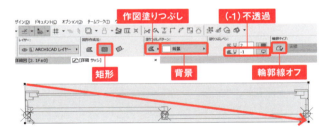

> **詳細** 配置した塗りつぶしが最前面に表示されている場合は、その塗りつぶしを選択し、[編集]メニューから[表示順序]→[一番下に表示]を選択して分解された線分の下に表示しておく。

② サッシの平面図をオブジェクトで保存する。[矢印ツール]を選択し、選択方法を[要素全体]にしてサッシを矩形で囲んで選択する。

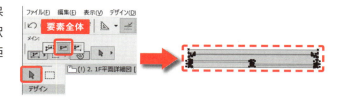

③ 続いて[ファイル]メニューから[ライブラリとオブジェクト]→[選択内容に名前を付けて保存]→[オブジェクト]を選択する。

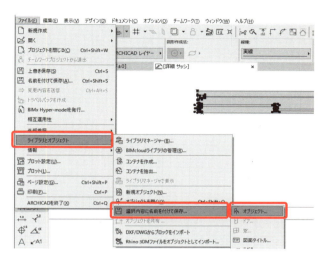

④ [オブジェクトを保存]ダイアログボックスが開く。[埋め込みライブラリ]フォルダを選択してから[名前]を入力し、[保存]ボタンをクリックする。続いて[オブジェクトの基本設定を変更]ダイアログボックスが表示されるが、保存後でも編集ができるので[OK]ボタンをクリックして閉じる。保存された2Dシンボルは[オブジェクトツール]の[埋め込みライブラリ]から配置できる。

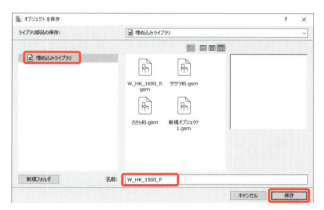

詳細

開いているプロジェクトデータで、オブジェクトを[埋め込みライブラリ]に保存すると、そのプロジェクトファイルに保存することができる。すぐに配置して使いたい場合に便利だ。ただし、たくさんのオブジェクトを[埋め込みライブラリ]に保存してしまうと、データが重くなるので注意が必要だ。

詳細

オブジェクトを作成する際に、カーソルをヒットさせたいポイントにホットスポットを置いて保存すれば、そのシンボルを選択すると黒い節点を表示され、配置時の位置合わせが容易になる。

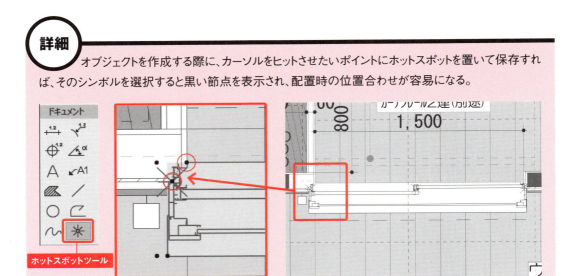

Tips 複数の要素のレイヤーとペンカラーを一括変更する

バラバラのレイヤーやペンカラーを一括変更したいときはその要素をすべて選択し、[編集]メニューの[設定変更]→[選択セットの編集]を選択する。[選択セットの編集]ダイアログボックスが開くので、一括して変更したい[レイヤー]とその[ペンカラー]を選んで、[OK]ボタンをクリックすれば、まとめて変更できる。選択した要素に2D要素と3D要素が混在していても、関係なく一括変更ができるので便利だ。

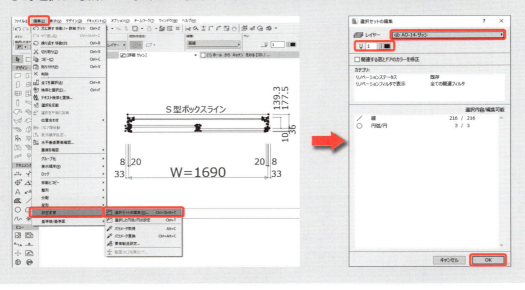

(4) サッシを配置した開口部の窓設定

① 配置したサッシの2Dシンボルを下へずらすと、何もない開口部を表示する。しかし、元々ここには引違戸のモデルがあり、そのモデルは保持されたまま非表示になっている。その設定を解説する。

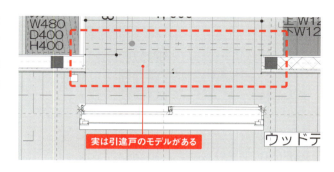

② 前図で開口部の両端にカーソルを移動すると、▶マークになるポイントがある。そこでクリックして[選択した窓の設定]ダイアログボックスを開く。[カスタム設定]パネルの[詳細レベル、2D/3D/断面図表示]タブページにある[2Dシンボル表示]が「抱きのみ」になっていることを確認する。

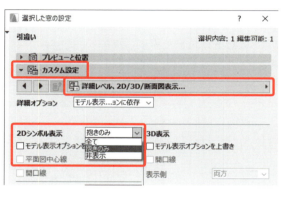

③ 次に[プレビューと位置]パネルを開く。プレビューウィンドウの[平面]プレビューは非表示になっているが、[3D]プレビューに切り替えると3Dモデルを表示する。このように、立面図やパースでは3Dモデルを表示するが、平面図の[2Dシンボル表示]で[抱きのみ]に設定にすれば、すでにある引違戸を非表示にできるので、サッシの2Dデータを平面図シンボルとして利用できる。

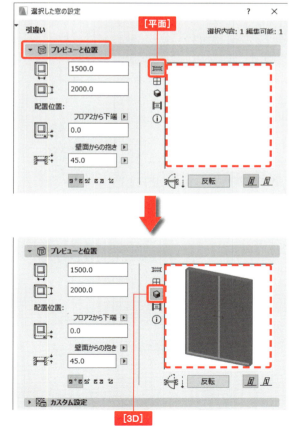

Tips 2D CADデータを使った設計検討例

<例1>

次の平面図は手洗い器の2D CADデータだ。実施設計の段階で設備関連の品番が決定したら、その2D CADデータをダウンロードして、あらかじめ準備しておいたワークシートウィンドウに読み込む。手洗い器のほか、キッチンやトイレでも決定した品番の図を実施設計図にプロットすることで、それらに絡んでくる排管の位置や照明、窓の位置などをより現場に近い設定で検討できる。

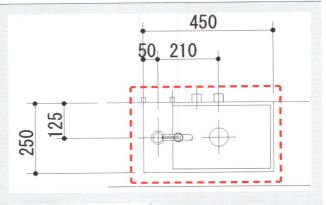

<例2>

次の図は手洗い器の2D CADデータを、住宅のトイレに2Dシンボルで配置している。この部分だけを[矩形選択ツール]で切り取って3Dウィンドウを確認すると、手洗いカウンターの上に手洗い器本体の3Dモデルが確認できる。これらは[スラブツール]で外形のサイズと位置を正確にモデリングしているので、展開図などにも正確な形状と位置を反映することができ、設計検討はもちろん、図面の作業効率も良くなる。

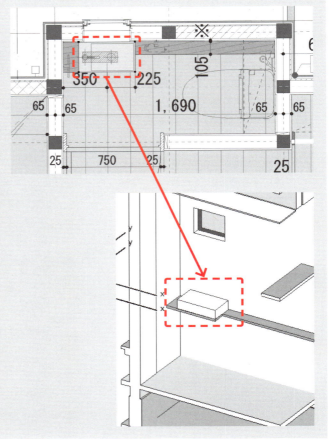

07 レイアウトシートにワークシートを重ね合わせる

次の図はARCHICADで作成した、とある住宅の照明レイアウト図の一部だ。この図は平面詳細図を設備の下図用にビュー保存し直してレイアウトシートに配置したものに、照明やスイッチの記号などを2Dで書き込んだワークシートを重ねている。手描き製図でたとえると、下図用の平面図が「第2原図」で、2Dで書きこんだ照明レイアウト図が新たな設計情報になる。

※練習用データはありません。方法を参照してください。

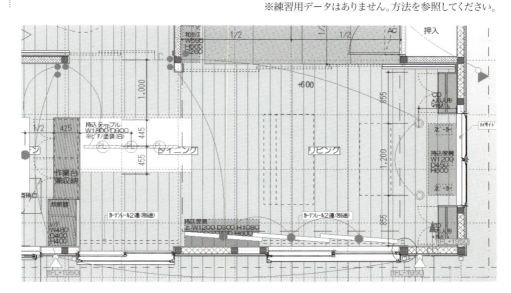

① 設備の下図用にビュー保存し直した平面詳細図をレイアウトシートにドラッグ＆ドロップする（P.211）。グレースケールのカラー図面に編集するため平面詳細図を選択し、情報ボックスから図面[設定ダイアログ]ボタンをクリックする。

② [選択した図面の設定]ダイアログボックスが開く。[サイズと表示]パネルの[カラー]から[グレースケール]を選択し、[OK]ボタンをクリックする。

③ [編集]メニューから[ロック]→[ロック]を選択して移動しないようにしておく。

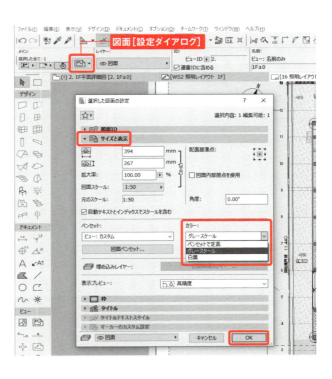

④ 照明レイアウト用のワークシートウィンドウを新規作成したら、レイアウトブックにある先ほど作成した設備の下図用レイアウトシート名（ここでは「照明レイアウト図_1F」）を選択して右クリックし、[参照として表示]を選択する。

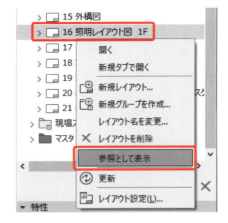

⑤ ワークシートウィンドウに下図用レイアウトシートが参照表示される。照明レイアウトやスイッチの位置、配線経路などの検討をして作図する。図はドキュメントツールで作図をおこなった例だ。

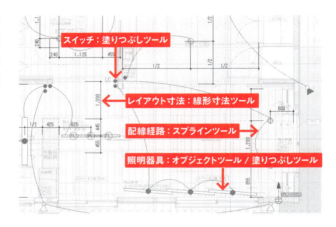

⑥ 最後に設備の下図用レイアウトシートに照明レイアウトの検討をしたワークシートをドラッグ&ドロップして重ね合わせれば、照明レイアウト図の完成だ。位置合わせのポイントにそれぞれホットスポットを配置しておくと便利だ。グレーカラーの設備用平面図にカラーで作図した照明レイアウト図を重ねると色分けが明解になりわかりやすい。

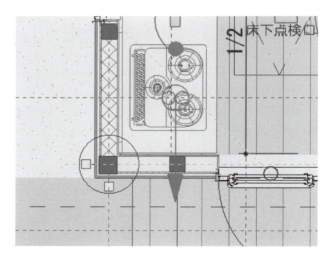

詳細　ワークシートウィンドウに作成した照明レイアウト図も図面表現を整えて[ビューを保存]しておこう。

03 実施設計図書を作成する [レイアウトブック]

ここからは[レイアウトブック]について解説する。基本的な使い方は本書の姉妹編『ARCHICAD 21ではじめるBIM設計入門[企画設計編]』で解説しているため、ここではより実務に即したトピックについて解説する。

1 展開図や標準詳細図の図面枠[マスタレイアウト]

平面詳細図や断面詳細図などの図面枠はレイアウトサイズを検討するだけでよいが、展開図や標準詳細図は「フロアライン」や「グリッド」があらかじめ準備されている[マスタレイアウト]を使ってレイアウトすると便利だ。ここでは準備しておいた2つのマスタレイアウト「A1テンプレート（展開図用）」と「A1テンプレート（標準詳細図用）」を参照しながら解説する。

① ナビゲータパレットの[レイアウトブック]ボタンをクリックし、リストから「ARCHICAD 22_ガイドラインC」フォルダ→「マスタ」→「A1テンプレート（展開図用）」をダブルクリックする。

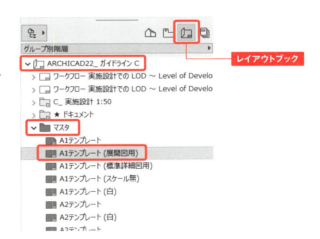

② 図のようにレイアウトを水平線で4分割したマスタレイアウトウィンドウが開く。この水平線は展開図のフロアラインと重ね合わせるため表示している。

③ このマスタレイアウトの設定を確認する。ナビゲータパレットで「マスタ」フォルダの「A1テンプレート（展開図用）」を選択し、[設定]ボタンをクリックする。

④ [マスタレイアウトの設定]ダイアログボックスが開く。次の設定を確認したら[グリッド設定]ボタンをクリックする。

[名前とサイズ]パネル
- 名前「A1テンプレート（展開図用）」
- サイズ「A1（ISO）-メートル」
- レイアウト方向「横」
- 余白「15mm」（上下左右とも）

[図面配置]パネル
- 「図面をグリッドに調整して割り当て」を選択

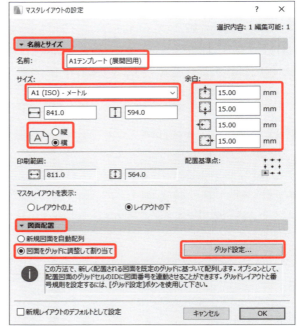

⑤ [マスタレイアウト設定-グリッド設定]ダイアログボックスが開く。次の設定を確認し、[OK]ボタンで閉じる。

- ID方式「配列（A1, A2…）」
- セルの数「列1」「行4」
- 余白からの距離「上0mm」「左0mm」「下60mm」「右0mm」
- グリッド線種「通り芯」
- グリッド線ペン「ペン番号1（0.15mm）」
- グリッド線表示「全てを表示」

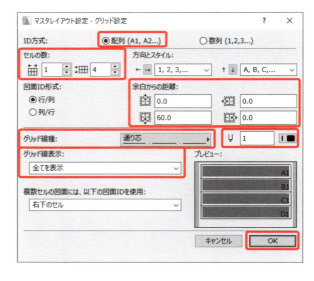

⑥ [マスタレイアウトの設定]ダイアログボックスに戻るので、[OK]ボタンで閉じる。

⑦ 次に「A1テンプレート（展開図用）」マスタレイアウトを割り当てた展開図を開いて確認する。レイアウトブックの「C_実施設計 1:50」フォルダ→「意匠図」→「詳細図 1:50」→「A_007展開図_1【モノクロ/事務所部分】」をダブルクリックする。

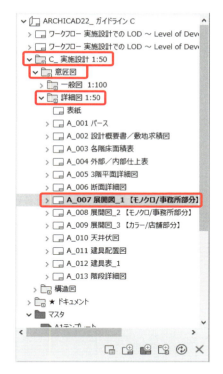

詳細

[特性]パネルの[マスタレイアウト]ポップアップから図面枠を選択できる。

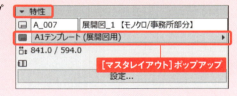

⑧ マスタレイアウトの「A1テンプレート（展開図用）」にビュー一覧から事務所部分の展開図をドラッグ＆ドロップして作成した展開図が開く。グリッド線と展開図のフロアラインがきれいに重なっているが、これは次の手順⑨の操作で位置を合わせている。

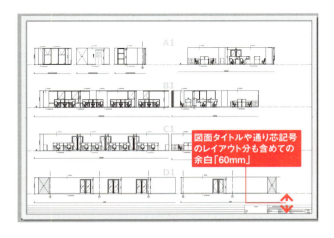

⑨ グリッド線と展開図のフロアライン を合わせるには、まずドラッグ＆ド ロップをした展開図を選択し、展開 図のフロアラインをクリックする。表 示されたペットパレットの［移動］を 選択してマスタレイアウトの水平グ リッド線に重ね、三つ又カーソルにな る位置でクリックするとフロアライ ンが合う。

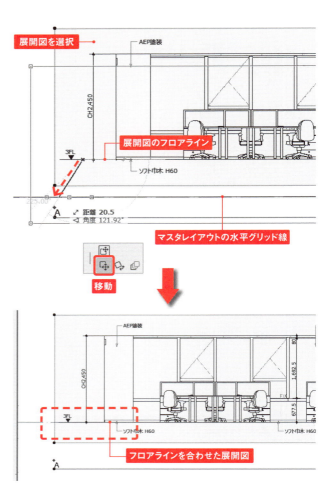

⑩ 次に標準詳細図の［マスタレイアウ ト］も確認してみよう。「マスタ」フォ ルダの「A1テンプレート（標準詳細 図用）」をダブルクリックする。

⑪ 列と行のグリッドで分割したマスタ レイアウトウィンドウが開く。標準詳 細図のタイトルを書き込むため図の 位置に［線ツール］で線を追加してセ ルのようにし、追加した線には［ロッ ク］をかけている。

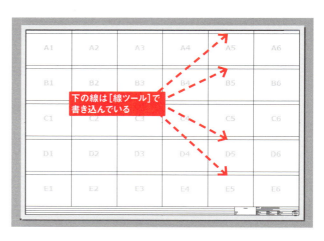

⑫ このマスタレイアウトの設定を確認する。[マスタ]フォルダの「A1テンプレート(標準詳細図用)」を選択し、[設定]ボタンをクリックする。

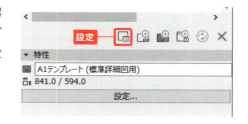

⑬ [マスタレイアウトの設定]ダイアログボックスが開いたら[グリッド設定]ボタンをクリックする。開いた[マスタレイアウト設定-グリッド設定]ダイアログボックスで次の設定を確認し、[OK]ボタンで閉じる。

- セルの数「列6」「行5」
- 余白からの距離「上0mm」「左0mm」「下25mm」「右0mm」

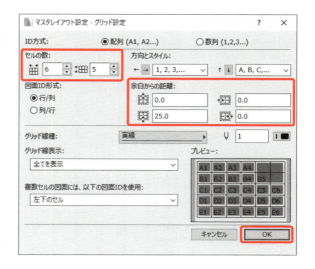

⑭ [マスタレイアウトの設定]ダイアログボックスに戻る。[OK]ボタンでダイアログボックスを閉じる。

2 図面番号の設定

レイアウトブックのグループ別に図面番号を自動的に付与する設定について解説する。グループ別にする理由は一般的に図面番号の頭文字が、建築、構造、設備で違うからだ。本ガイドラインのレイアウトブックでは「意匠図」と「構造図」の2つのグループに分けている。

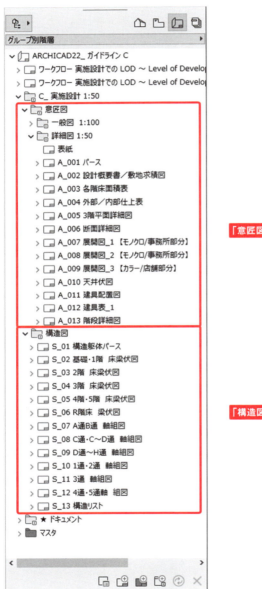

01 図面番号の自動連番設定

図面番号の連番設定は、[グループ設定]ダイアログボックスでおこなう。頭文字やIDスタイルを指定することで各種連番が設定できる。

① ナビゲータパレットの[レイアウトブック]ボタンをクリックし、リストから「C_実施設計 1:50」フォルダ→「意匠図」フォルダ→「詳細図 1:50」フォルダを選択し、[特性]パネルの[設定]ボタンをクリックする。

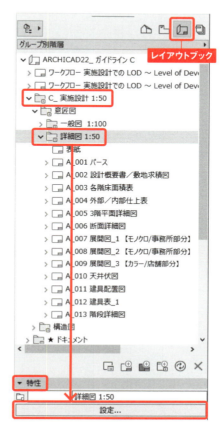

② [グループ設定]ダイアログボックスが開く。次の設定を確認し、[OK]ボタンで閉じる。

[グループID]パネル
- 「カスタムID」を選択
- 名前「詳細図1:50」

[このグループでの項目ID]パネル
- 「カスタムID」を選択
- [ID頭文字]にチェック、「A_」と入力
- IDスタイル「001,002,003,...」
- 開始「1」
- プレビュー「A_001 A_002 A_003 ...」

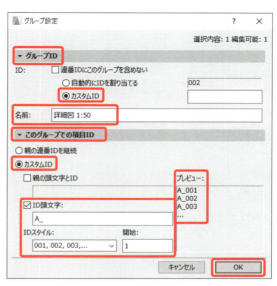

③ 次にレイアウトブックの「C_実施設計 1:50」フォルダ→「構造図」フォルダを選択し、[特性]パネルの[設定]ボタンをクリックする。

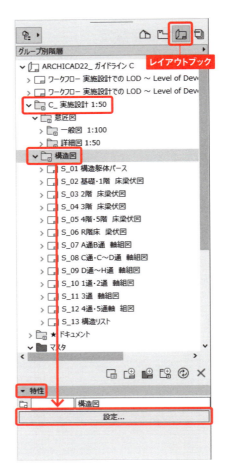

④ [グループ設定]ダイアログボックスを開く。次の設定を確認し、[OK]ボタンで閉じる。

　　[グループID]パネル
　　● 「カスタムID」を選択
　　● 名前「構造図」
　　[このグループでの項目ID]パネル
　　● 「カスタムID」を選択
　　● [ID頭文字]にチェック、「S_」と入力
　　● IDスタイル「01,02,03,…」
　　● 開始「1」
　　● プレビュー「S_01 S_02 S_03 …」

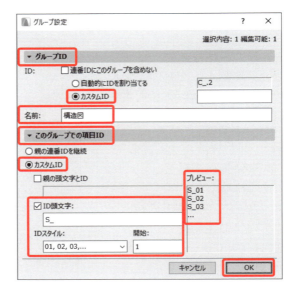

02 図面番号を割り当てない場合

連番を設定したフォルダの中に、表紙などの図面番号を割り当てたくない図面がある場合は、その図面に[連番IDにこのレイアウトを含めない]設定をしておく。

① ナビゲータパレットの[レイアウトブック]ボタンをクリックし、リストから「C_実施設計 1:50」フォルダ→「意匠図」→「詳細図1:50」→「表紙」を選択し、[特性]パネルの[設定]ボタンをクリックする。

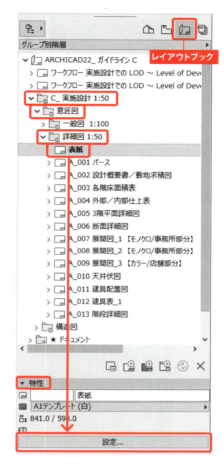

② [レイアウト設定]ダイアログボックスが開く。次の設定を確認し、[OK]ボタンで閉じる。

[IDと形式]パネル
- [連番IDにこのレイアウトを含めない]にチェック
- レイアウト名「表紙」
- マスタレイアウト「A1テンプレート(白)」

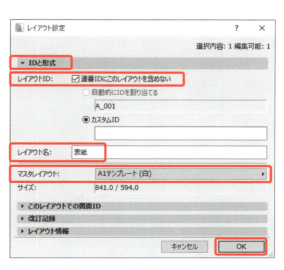

3 PDFの作成

レイアウトブックでPDFに出力すると、レイヤー情報も一緒に出力できる。ここではその設定について確認をする。

01 レイヤー付き PDF を作成する

レイヤー情報を含めたPDFを作成する。

① ナビゲータパレットの[レイアウトブック]ボタンをクリックし、リストから「C_実施設計1:50」フォルダ→「意匠図」→「詳細図1:50」→「A_005 3階平面詳細図」をダブルクリックする。

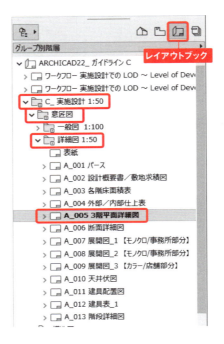

② レイアウトシートが開く。[ファイル]メニューから[名前を付けて保存]を選択する。

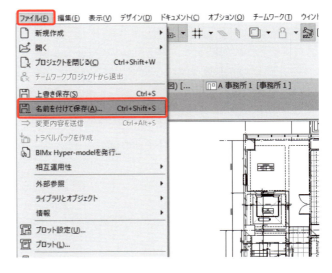

③ [プランを保存]ダイアログボックスが開く。[ファイルの種類]で[PDFファイル(*.pdf)]を選択し、ファイル名を「3階平面詳細図」と入力する。[ドキュメントオプション]ボタンをクリックする。

④ [ドキュメントオプション]ダイアログボックスが開く。[PDFオプション]ボタンをクリックする。

⑤ [PDFオプション]ダイアログボックスが開く。[レイヤーをPDFにエクスポート]のチェックを確認して[OK]ボタンをクリックする。

⑥ [ドキュメントオプション]ダイアログボックスの[OK]ボタンをクリックし、[プランを保存]ダイアログボックスの[保存]ボタンをクリックしてダイアログボックスを閉じる。

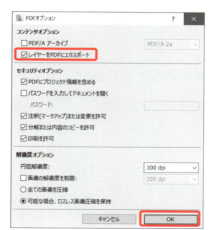

⑦ 「3階平面詳細図」がPDFで保存される。Adobe Acrobatで開き、画面左側の[レイヤー]タブをクリックすると「3階平面詳細図」でビュー保存したレイヤーが一覧表示される。

詳細 ここでは、Adobe Acrobatを使用しているが、Adobe Acrobat Readerでも一覧表示できる。

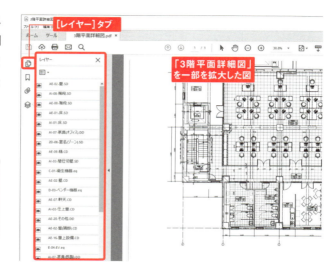

⑧「3階平面詳細図」PDFでレイヤーの表示/非表示を確認してみる。「2D-09-寸法(詳細).CD」レイヤーの目玉マークをクリックして非表示にすると、該当する詳細寸法が非表示になる。Acrobatでも、レイヤーの[ロック][結合][統合]などができ、別ファイルで保存や出力をおこなえる。

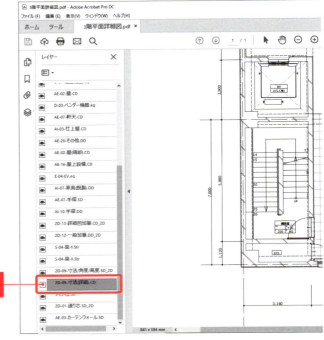

レイヤー表示/非表示の目玉マーク

02　PDF を読み込んで 2D 図面に分解する

PDFファイルに出力をした「3階平面詳細図」をARCHICADへ読み込み、2D要素へ分解してみよう。

① 新たにARCHICADを起動し、平面図ウィンドウを表示した後、[ファイル]メニューから[外部参照]→[外部図面を配置]を選択する。

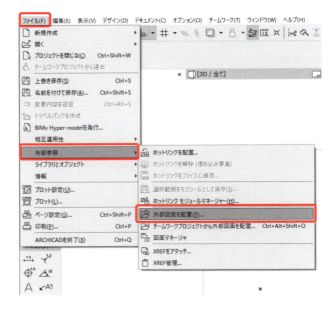

② [図面を配置]ダイアログボックスが開く。「Ch02_Ch03」フォルダにある「3階平面詳細図（参考）.pdf」を選択して[開く]ボタンをクリックする。

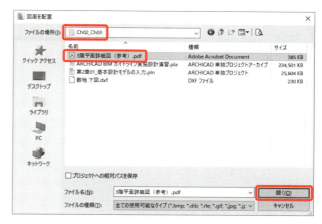

③ 複数のページがあるPDFの場合は、[PDFページを配置]ダイアログボックスが開く。ここではPDFページの[1]を選択し[配置]ボタンをクリックしてARCHICADの平面図ウィンドウに読み込む。

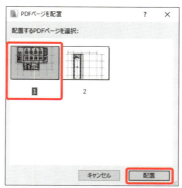

④ 読み込んだ「3階平面詳細図. PDF」を選択し、余白で右クリックして[分解]を選択する。

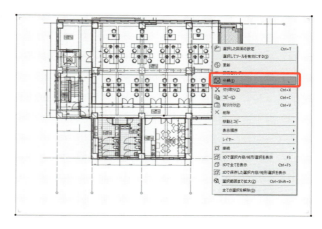

⑤ [分解]ダイアログボックスが開く。[分解後、元の要素も保存]のチェックを外し、[OK]ボタンをクリックして閉じる。

詳細 読み込んだPDF図面を残した状態で2D要素へ分解したい場合は、[分解後、元の要素も保存]にチェックを入れておく。

⑥ [分解]のメッセージが表示され、分解操作が自動的に始まる。[停止]ボタンをクリックするとそのタイミングまで分解された2D要素だけを表示する。[編集]メニューから[元に戻す]コマンドを使えば分解前のPDFに戻せる。

⑦ 読み込んだPDFが2D要素に分解される。[矢印ツール]でトイレ部分を矩形に囲って選択してみると、情報ボックスで表示されるツールが「ポリライン」になっていて、2D要素へ分解されていることが確認できる。

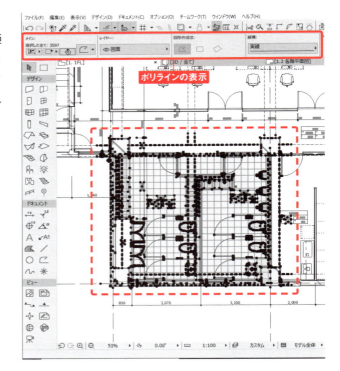

03　複数の図面を一括してPDF出力する

実施設計では意匠図だけではなく、構造図や設備図も含めて大量の図面を出力したり、印刷したりする。[発行セット]を使うと、複数の図面を一括してPDFファイルに出力できる。[発行セット]とは複数の図面をカテゴリで分けて保存しておくフォルダのようなイメージだ。

① ナビゲータパレットの[ナビゲーターを表示する/隠す]ボタンをクリックして、[オーガナイザを表示]を選択する。

② [オーガナイザ-発行]ダイアログボックスが開く。左側のリストは上部の[レイアウトブック]ボタンをクリックして一覧を表示しておく。右側のリストは上部の[発行セット]ボタンをクリックして一覧を表示しておく。[新規発行セット]ボタンをクリックする。

詳細
[オーガナイザ-レイアウトエディタ]ダイアログボックスが表示された場合は、右上の[発行セット]ボタンをクリックする。

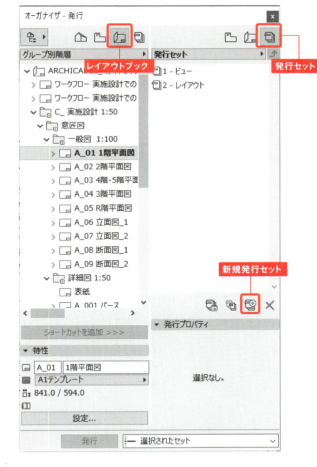

③ [新規発行セットを作成]ダイアログボックスが開く。[名前]に「実施設計図」と入力し、[作成]ボタンをクリックする。

④ [発行セット選択と管理]リストに「実施設計図」発行セットが追加される。次に[発行プロパティ]ボタンをクリックする。

> **詳細** ②の操作で[発行セット選択と管理]リストが表示されない場合は、[発行項目]ボタンをクリックして[発行セット]を選択する。

⑤ [発行セットプロパティ]ダイアログボックスが開く。次のように設定し、[OK]ボタンをクリックして閉じる。

- 発行の方法「ファイルの保存」
- [参照]ボタンをクリックして[保存先]を指定

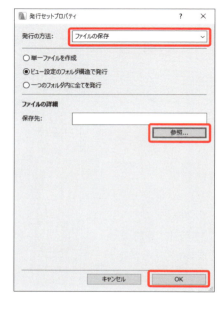

⑥ [オーガナイザ-発行]ダイアログボックスに戻る。④で[発行セット選択と管理]リストに追加された「実施設計図」発行セットをダブルクリックし、「実施設計図」発行セットを開く。左側のレイアウトブックの一覧から一括出力したい（ここでは「詳細図1:50」）フォルダをドラッグし、右側の「実施設計図」発行セットのリストにドロップする。

詳細 フォルダ内のレイアウトを一覧表示にするには、フォルダ名の左の[>]をクリックする。

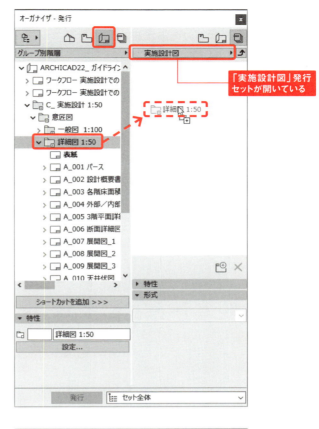

⑦ 「実施設計図」発行セットにドロップした「詳細図1:50」フォルダを選択する。[形式]パネルのファイル形式で[PDF]を選択し、[単一PDFファイルに結合]にチェックを入れたら[発行]ボタンをクリックする。

詳細 出力するPDFの詳細設定は[ドキュメントオプション]ボタンをクリックして開く[ドキュメントオプション]ダイアログボックスの[PDFオプション] ボタンをクリックし、表示された[PDFオプション]ダイアログボックスで設定できる（P.245）。

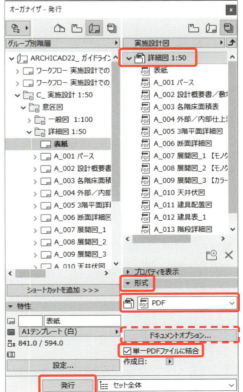

⑧ [発行中]ダイアログボックスが表示され、ファイル保存の進捗状況を表示する。ファイルの保存が完了すると[閉じる]ボタンが表示されるのでクリックする。

⑨ 選択したフォルダ(ここでは「詳細図1:50」)にある詳細図が一括して1つのPDFファイルに出力される。

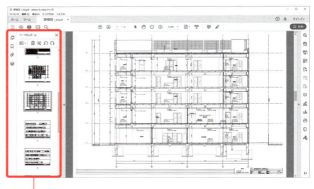

「ページサムネール」タブで図面を切り替えられる

chapter 4
応用編

ARCHICADの応用編として、チームワーク、積算、レンダリングの3つを取り上げる。いずれもARCHICADユーザーからよく質問を受ける内容だ。

これらの項目について、実際に使うことを想定してコツや陥りやすいワナについてもできるだけ解説する。

01 チームで作業する

ある規模以上の建築設計では、数人で構成されたチームで1つのプロジェクトを効率的に共同作業することが必要だ。ARCHICADの[チームワーク]という機能を使えば、チームのメンバーがたとえ世界中に散らばっていても、1つのプロジェクトに共同して取り組むことができる。

1 チームワーク作業を始める前に

チームワーク作業を始める前にしておかないといけないことは、チームワークで作業するプロジェクトをメンバーで共有することと参加するメンバーの登録だ。ここではその方法を解説する。

01 準備と設定

ARCHICADの[チームワーク]を使えば、ネットワークを介して複数のユーザーが1つのプロジェクトに同時に取り組むことができる。ARCHICADで[チームワーク]を使うには、ユーザー1人1人のコンピュータにインストールされたARCHICADと、サーバー機能専用のコンピュータにインストールされたGRAPHISOFT BIMcloudが必要だ。BIMcloudはインターネット接続で利用できるクラウドサービスや、社内のイントラネット接続で利用できるサーバーに導入することができる。アプリケーションの動作やシステムの安定性を考慮してGRAPHISOFT が認定したBIM動作環境(BMAP：BIMcloud Authorized Platform)を満たすサーバーでの運用が推奨されている。

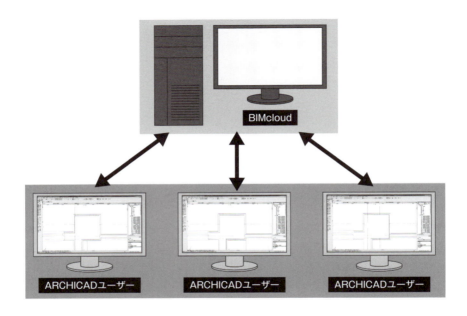

02 チームでプロジェクトを共有

新しいチームワークプロジェクトを作成するには、今使っているプロジェクトをメンバーで「共有」することから始める。メンバーのコンピュータでARCHICADプロジェクト(.pln/.pla)を開き、[共有]コマンドを使用してBIMcloudにそのプロジェクトのファイルを追加する。

① 単独ARCHICAD プロジェクトファイル(ここでは「ARCHICAD BIMガイドライン 第4章参照.pla」)を開く。

② [チームワーク]メニューから[プロジェクト]→[共有](または[ファイル]メニューから[新規作成]→[共有])を選択する。

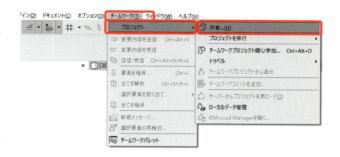

③ 初めてチームワークで作業をする場合は[BIMcloudにログイン]ダイアログボックスが表示される。BIMcloudのアドレス(IPアドレスやサーバーのURL)とユーザー情報(ログイン名とパスワード)を入力し[ログイン]ボタンをクリックする。

詳細

BIMcloudにあるチームワークプロジェクトのビルド番号と、メンバー1人1人が使うARCHICADの製造番号が同じでないといけない。ビルド番号と製造番号が違うと[警告!]ダイアログボックスが表示され、ログインすることができない。そのためARCHICADプログラムの更新をおこなうときは、チームワークプロジェクトに参加するメンバーのすべてのコンピュータが同じタイミングで更新をおこなうようにする。GRAPHISOFT社の製品アップデートページ(英語https://www.graphisoft.com/downloads/archicad/updates/)で、過去のアップデートをダウンロードして以前の製品のバージョンにすることもできる。

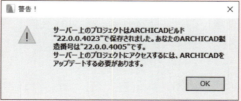

④ ログインすると[チームワークプロジェクトを共有]ダイアログボックスが表示される。ここでは、メンバーがアクセス権を持つプロジェクトフォルダとそのフォルダに登録されているプロジェクトが一覧表示される。図ではまだプロジェクトを登録していないので右のプロジェクト一覧は白紙だ。左にあるツリーから共有するプロジェクトフォルダ(ここでは「プロジェクト2018」)を選択して[共有]ボタンをクリックすると、この「ARCHICAD BIMガイドライン 第4章参照」プロジェクトをほかのメンバーと共有できるようになる。

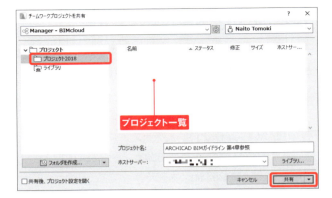

詳細 新しいプロジェクトフォルダを作成する場合は[フォルダを作成]をクリックしフォルダ名を指定し作成する。

03 チームワークのライブラリ

チームワークプロジェクトではユーザーがローカルで使用しているライブラリをそのまま使用することはできない。参加するメンバー全員が同じライブラリ部品を共有して使用するため、チームワークプロジェクトではBIMcloudライブラリにアップロードされたライブラリと、チームワークプロジェクトごとに埋め込まれた[埋め込みライブラリ]の2つのライブラリを使用する。メンバーがローカルで使用しているライブラリを、BIMcloudライブラリにアップロードしチームワークプロジェクトで使用できるようにするには次の方法でおこなう。

① [ファイル]メニューから[ライブラリとオブジェクト]→[BIMcloudライブラリの管理]を選択し[BIMcloudライブラリの管理]ダイアログボックスを表示する。[ローカルライブラリをBIMcloudにアップロード]ボタンをクリックし、ローカルで使用しているライブラリファイルを選択すると、[サーバー上の使用可能ライブラリ]ツリーにアップロードしたライブラリが表示される。アップロードしたら[閉じる]ボタンをクリックしてダイアログボックスを閉じる。

② このライブラリをチームワークプロジェクトで使用できるようにするには、[ライブラリマネージャー]に追加する必要がある。[ファイル]メニューから[ライブラリとオブジェクト]→[ライブラリマネージャー]を選択する。

③ [ライブラリマネージャー]ダイアログボックスが表示されたら、[プロジェクト内のライブラリ]タブを選択する。[追加]の▼ボタンをクリックし[BIMcloudライブラリを追加]をクリックする。

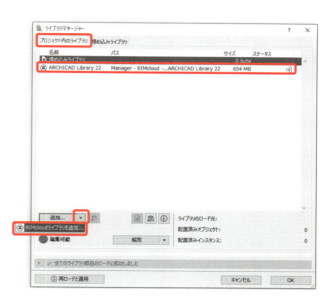

④ [BIMcloudライブラリの選択]ダイアログボックスが表示される。チームワークプロジェクトに追加するライブラリを選択し、[追加]ボタンをクリックする。

⑤ [プロジェクト内のライブラリ]に追加したライブラリがあることを確認し、[OK]ボタンをクリックしてダイアログボックスを閉じる。これでチームワークプロジェクトに参加しているメンバーが追加したライブラリを使用できるようになる。

2 チームワークプロジェクトを開く／閉じる

メンバーが作業を開始するには、サーバーにあるチームワークプロジェクトを開く必要がある。また、作業を終了しチームワークプロジェクトを閉じる場合も単に閉じる方法でファイルを終了させてはいけない。

01 チームワークプロジェクトを開く

BIMcloudのチームワークプロジェクトを開くには、次の3つの方法がある。いずれの方法でも[チームワークプロジェクトを開く/ 参加]ダイアログボックスが表示され、そこからチームワークプロジェクトを開く。

- [ファイル]メニューから[開く]→[チームワークプロジェクト開く/ 参加]を選択
- [チームワーク]メニューから[プロジェクト]→[チームワークプロジェクト開く/ 参加]を選択
- ARCHICADの起動時に開く[ARCHICAD 22を起動]ダイアログボックスから[プロジェクトを開く]と[チームワークプロジェクト]を選択し[参照]をクリック

[ファイル]メニューから

[チームワーク]メニューから

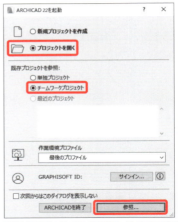

[ARCHICAD 22 を起動]ダイアログボックス

① 上記のいずれかの方法で[チームワークプロジェクトを開く/参加]ダイアログボックスを開く。左側のツリーにはユーザーがBIMcloud上でアクセスできるプロジェクトフォルダ、右側にはプロジェクトが一覧表示される。一覧から参加するプロジェクト(「ここでは「ARCHICAD BIM ガイドライン第4章参照」)を選択し、[参加]ボタンをクリックするとこのチームワークプロジェクトを開いて作業できる。

② チームワークプロジェクトに初めて参加する場合は[プロジェクトに参加]画面が表示される。[OK]ボタンをクリックしてプロジェクトを開く。

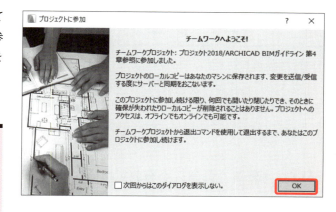

詳細

初めて[チームワークプロジェクトを開く/参加]ダイアログボックスを開いた時は、[参加]ボタンは[開く]ボタンになっている。

02 チームワークプロジェクトを閉じる

チームワークプロジェクトを閉じる方法は、プロジェクトから退出する方法と、プロジェクトに参加したまま閉じる方法の2種類ある。

① プロジェクトから退出するには、[チームワーク]メニューから[プロジェクト]→[チームワークプロジェクトから退出]または[ファイル]メニューから[チームワークプロジェクトから退出]を選択する。プロジェクトから「退出」すると、確保(P.261)された要素は自動的にすべて解放される。作業終了後に、しばらく作業をおこなわない場合は他のメンバーに迷惑をかけないためにもプロジェクトから退出することをおすすめする。

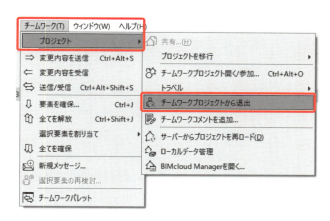

② プロジェクトに参加したまま閉じるには、[ファイル]メニューから[プロジェクトを閉じる]を選択する。プロジェクトに参加したまま閉じると、自分の確保している要素を保持したままプロジェクトを閉じることになる。そのため自分が作業をしていない間も他のメンバーはその要素にアクセスすることはできないので注意する。

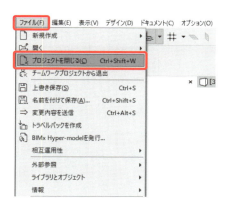

3 チームワーク作業のポイント

分業して作業を効率よく進めるには、最初に[チームワーク]機能を使った作業の流れを確認しておくことが大切だ。ここを理解していないと、自分がおこなった作業が失われたり、メンバーどうしが互いに邪魔をしてしまい作業が進まなくなったりする。ここではチームワークの作業でのポイントを解説する。チームワーク作業時のみ使用可能になるコマンドもあるので、しっかり確認しておこう。

01 [送信/受信]を忘れずに

[送信/受信]はチームワーク作業で最も大事な作業だ。自分自身がおこなった作業内容をサーバーに送るのが[送信]、サーバーから他のメンバーがおこなった作業の最新の情報を受け取るのが[受信]だ。各メンバーがこまめに[送信/受信]をすることで、最新のプロジェクト情報を共有しながら作業を進めることができる。[送信/受信]コマンドは、[チームワーク]メニュー、もしくは[チームワーク]パレット(P.261)から実行できる。

[チームワーク]パレット

02 要素変更時には「確保」が必要

チームワークプロジェクトで作業するとき、新しい要素をそのまま自分ですぐ作成できるが、すでに共有プロジェクトに配置してある要素を修正したり削除したりするには、最初にその要素を「確保」する必要がある。要素やデータタイプを確保すると、確保したデータはサーバーに登録され、確保から解放されるまで、他のメンバーは確保された要素を使用できない。通常は必要な場合にのみ要素を確保し、作業が終われば完了時にすぐ解放することが望ましい。要素を確保するには、次の条件を満たす必要がある。

- オンラインである(ユーザーのコンピュータがインターネットまたは社内ネットワークを通じサーバーにつながっている)
- 別のログイン中のメンバーが目的の要素やデータタイプを現在確保していない
- 確保したい要素やデータタイプが最新の状態になっている

詳細

他のメンバーが要素やデータタイプを変更し、変更された要素やデータタイプが最新になっていない(変更したデータを受信していない)状態で確保しようとすると、確保前に「受信」が必要であるため次のような警告が表示される。

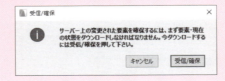

03 要素を「確保」する方法

要素を確保する方法は複数あり、要素の種類によって多少異なる。

(1) 建築要素を確保する場合

- 確保する要素を選択して右クリックし[選択要素を確保]を選択
- [チームワーク]メニューから[選択要素を確保]を選択
- [チームワーク]メニューから[チームワークパレット]を選択し、表示された[チームワーク]パレットの[確保]ボタンをクリック

要素の右クリックで確保

[チームワーク]パレットで確保

(2) 断面／立面／展開図などのマーカータイプを確保する場合

- マーカーを選択して[チームワーク]パレットの[確保]ボタンをクリック
- マーカーを選択して右クリックし、[選択要素を確保]を選択
- ナビゲータパレットで断面項目を選択し、パレット下部にある[確保]ボタンをクリック
- ナビゲータパレットで断面図などの項目を選択して右クリックし、[断面図を確保]を選択

ナビゲータパレットのボタンで確保

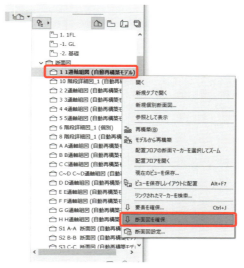
ナビゲータパレット内の右クリックで確保

(3) ソースファイルを確保する場合

[埋め込みライブラリ]に配置されているオブジェクトファイルは、配置済みインスタンスとは別にこのソースファイルを確保することも可能だ。ソースファイルを確保することで単独ユーザープロジェクトと同様に、オブジェクトの名前の変更や保存、削除などができる。ソースファイルを確保するには、[ライブラリマネージャー]ダイアログボックス(P.257)で[埋め込みライブラリ]を展開し、目的のオブジェクトファイルを選択して、表示される[確保]ボタンをクリックする。

---

04 作業が終了した要素を「解放」する

自分が確保している要素を「解放」すると変更した内容がサーバーに送信され、別のメンバーが確保できる。チームワークでの作業を円滑に進めるためには、作業が終わったところからこまめな解放を徹底することが大切だ。「解放」をするにはその要素を選択し、次のいずれかの場所から[解放]コマンドを実行する。

- [チームワーク]パレットの[解放]ボタンをクリック
- [チームワーク]メニューから[選択要素の解放]を選択
- 選択した項目を右クリックして[選択要素の解放]を選択

何も選択していない場合は[チームワーク]パレットの[解放]ボタンが[全てを解放]になり、クリックすると確保したものすべてが解放される。

---

05 確保できない要素を「要求」する

他のメンバーが要素を確保して作業ができない場合は、[要求]を使って確保している要素を解放するよう依頼することができる。「要求」の手順は次のとおりだ。

① 確保されている要素(ここでは柱)を選択して[チームワーク]パレットを開き、[要求]ボタンをクリックする。

② [新規の所有権要求]ダイアログボックスが開く。メッセージの内容を修正したり、アタッチされたビューを確認し、[要求]ボタンをクリックする。

③ メッセージを受信したメンバーがメッセージ受信の警告をクリックすると、[受け取った有権要求]ダイアログボックスが開く。要求された要素がどこにあるかを確認するには、[ビューを適用]ボタンをクリックするとアタッチされたビューがウィンドウに表示される。また[要素の表示]ボタンをクリックすると要求要素が選択され、ウィンドウに拡大表示される。要求内容を確認して、メッセージを出したメンバーに[承認]ボタン、もしくは[否認]ボタンで応える。

詳細

[承認]：選択すると要求が承認される。要求を承認するとその項目を解放することになり、送信したメンバーが自動的に確保できる。

[否認]：要素を解放したくない場合に選択する。要求は否認され要素は自分の作業領域に残る。

④ 要素の所有者が要求に対して［承認］
（または［否認］）すると、要求したメ
ンバーの画面にメッセージが表示さ
れる。そのメッセージをクリックする
と、［所有権要求を承認］ダイアログ
ボックスが表示され、「要求が承認さ
れました」（または「要求が否認されま
した」）と［返信］欄に表示される。

Tips　チームでコミュニケーションメッセージ

ARCHICADのチームワークを使うと、ARCHICADプロジェクト内でログイン中のメンバーどうしがリアルタイムでメッセージをやりとりすることができる。要素の解放を要求するときは、要素を選択して［要求］をクリックするだけでできるが、メッセージ機能を使えばARCHICADプロジェクト内で、プラン変更などによるモデルの編集を文章で詳しく説明することができる。メッセージを作成するには、［チームワーク］パレットにある［メッセージ］パネルの［新規メッセージを送信］ボタンをクリックする。または［チームワーク］メニューから［新規メッセージ］を選択して、［新規メッセージ］ダイアログボックスを表示する。メッセージの宛先は［新規メッセージ］ダイアログボックスの［宛先：］ボタンをクリックし、ポップアップメニューから選択する。［全てのユーザー］にチェックを入るとログイン中のメンバー全員を指定することができる。テキストメッセージを入力し、［送信］ボタンをクリックしてメッセージを送る。

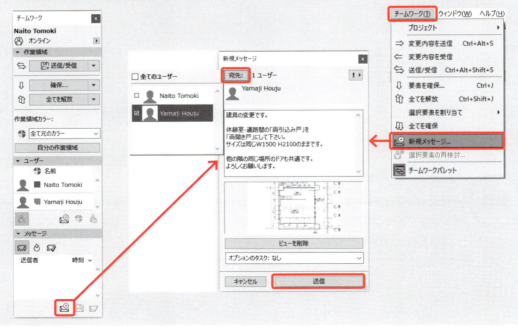

02 ARCHICADで積算

chapter 4 [応用編]

ARCHICADの一覧表機能を使用し、積算に必要な情報をARCHICADモデルから引き出してみよう。ここでは「練習用ファイル」→「Ch04」フォルダに収録されている「ARCHICAD BIM ガイドライン 第4章参照.pla」のモデルで使用されている高層棟内の「石こうボード」の数量を算出することにする。次の図が完成した「石こうボード計算書」の一覧表だ。ARCHICADでは階・部屋ごとに「石こうボード」の「面積（㎡）」を集計することができる。

階	室名	ドア表面積（㎡）	窓表面積（㎡）	部屋の内壁面積（㎡）	仕上集計（㎡）
RFL					
	階段室	1.62	0.00	56.12	54.50
					54.50 ㎡
5FL					
	会議室	14.49	2.15	159.67	143.03
	陶器室	1.89	0.00	110.64	108.75
	MWC	1.58	1.52	52.35	49.26
	倉庫	10.35	3.04	53.15	39.76
	WWC	5.18	1.52	51.11	44.41
	給湯室	1.95	1.52	38.02	34.55
	EVホール	3.78	3.78	17.12	9.56
	通路	21.65	2.15	119.68	95.88
					525.20 ㎡
4FL					
	事務所 2	12.60	9.68	113.87	91.59
	給湯室	5.10	1.52	33.80	27.17
	休憩室	13.30	3.04	47.24	30.70
	陶器室	1.89	0.00	75.64	73.75
	通路	29.84	4.30	147.00	112.86
	EVホール	1.89	1.80	15.22	11.53
	WWC	5.18	1.52	45.40	38.71
	MWC	1.58	1.52	46.54	43.44
					429.75 ㎡
3FL					
	事務所 1	12.60	9.68	117.68	95.40
	通路	29.87	6.69	147.00	110.44
	休憩室	13.50	3.04	47.24	30.70
	陶器室	1.89	0.00	75.50	73.61
	EVホール	3.78	3.84	15.22	7.60
	給湯室	5.10	1.52	33.80	27.17
	WWC	5.18	1.52	45.43	38.73
	MWC	1.58	1.52	46.54	43.44
					427.09 ㎡
2FL					
	受付／ロビー	0.00	0.00	39.51	39.51
	MWC	1.58	1.52	52.35	49.26
	休憩室	13.48	3.04	53.15	36.63
	通路	19.80	4.30	130.84	106.74
	WWC	5.18	1.52	51.08	44.38
	資金備蓄室	6.30	10.56	126.98	110.12
	給湯室	5.09	1.52	38.02	31.42
	陶器室	1.89	0.00	91.68	89.79
	EVホール	1.89	1.80	19.65	15.96
					523.81 ㎡
1FL					
	掃除室	0.00	15.86	28.33	12.47
	車業用MWC	1.89	0.00	54.76	52.87
	テナント	0.00	0.00	82.01	82.01
	エントランスホール	0.00	0.00	37.86	37.86
	通路	14.03	0.00	67.60	53.57
	EVホール	3.78	1.80	26.40	20.82
	車業用WWC	1.89	0.00	56.62	54.73
	陶器室	1.89	0.00	102.40	100.51
					414.84 ㎡
					2,375.19 ㎡

石こうボード 計算書

1 ＞ 一覧表の設定

一覧表とは寸法や形状・部位などのARCHICADの要素オブジェクトが持っているパラメータを利用し集計する表だ。一覧表について詳しくは第3章の「4＞建具表を作成」（P.202）を参照されたい。まず一覧表を設定するところから始めよう。

01 一覧表の条件を定義する

一覧表では[要素]リスト、[構成要素]リスト、[材質]リストの3つのタイプの一覧表を作成することができる。[要素]リストは「壁」「柱」「梁」「スラブ」などの建築部材に相当する要素、[構成要素]リストは複合要素や断面形状などの各構成要素、[材質]リストは各構成要素が使用している材質情報を表示する。ここでは仕上げの「石こうボード」の数量を部屋ごとにゾーンから算出するため、[要素]リストを選択し、新規の条件を設定する。

① ナビゲータパレットの[プロジェクト一覧]の「一覧表」を右クリックして[新規一覧表]を選択する。

② [一覧表設定]ダイアログボックスが開く。同時に[新規一覧表スキーム]ダイアログボックスが開く。

詳細

または、[ドキュメント]メニューから[一覧表]→[一覧表設定]を選択し、[一覧表設定]ダイアログボックスを開く。[一覧表設定]ダイアログボックスの[新規]ボタンをクリックして[新規一覧表スキーム]ダイアログボックスを開くこともできる。

③ [新規一覧表スキーム]ダイアログボックスの[ID]に「壁」、[名前]に「石こうボード 計算書」と入力する。新規作成なので[新規スキーム]を選択し、項目で[要素]を選択し、[OK]ボタンをクリックする。

④ ゾーンから壁に関する情報を取り出せるよう[一覧表設定]ダイアログボックスで設定する。[基準]パネルで最初の行をクリックし、一覧表に含める項目の条件を選択する。[基準]列で[要素タイプ]と[等しい]、[値]列で目的の項目(ここでは「ゾーン」)を選択する。

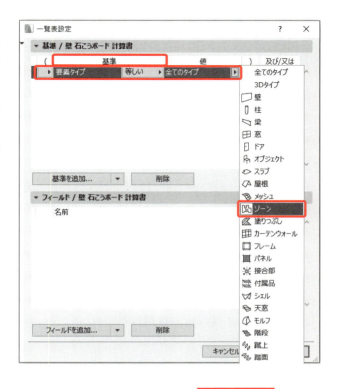

⑤ 次に高層棟の部屋に使われているゾーンを絞り込む。高層棟の部屋はゾーン番号を「A_○○」としているので、[ゾーン番号]を基準に追加する。基準の条件を追加するため、[基準を追加]ボタンをクリックする。展開された検索フィールドで[IDとカテゴリ]→[ゾーン番号1]を選択し、ダブルクリックまたは[追加]をクリックして[基準]パネルに追加する。[基準]列は[ゾーン番号1][含む]にし、[値]列で「A」と入力する。④で設定した条件の[及び/又は]が選択可能になるので[及び]を選択する。

⑥ 次に壁に石こうボードを使用している部屋のゾーンを絞り込む。ゾーンには壁の下地情報が含まれているので、[壁__下地]を[基準]パネルに追加する。

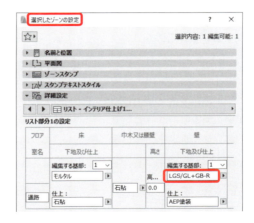

⑦ [壁__下地]は⑤で展開した検索フィールドにないので、より詳細なパラメータがある[ライブラリ部品パラメータ]から追加する。[一覧表設定]ダイアログボックスの[基準を追加]の▼ボタンをクリックし、[ライブラリ部品パラメータ]を選択する。

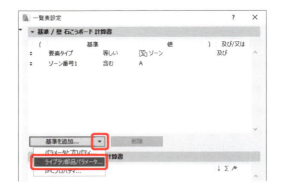

⑧ [追加オブジェクトパラメータ]ダイアログボックスが表示される。ダイアログボックス上部の[オブジェクトを選択]から[ARCHICAD Library 22]フォルダ→[オブジェクトライブラリ.lcf]フォルダ→[ゾーン]フォルダ→[ゾーン_仕上用.gsm]を選択する。下部の[使用可能なパラメータ]から[壁__下地]を選択し、ダブルクリックまたは[追加]をクリックして[選択されたパラメータ]に追加する。[OK]ボタンをクリックする。

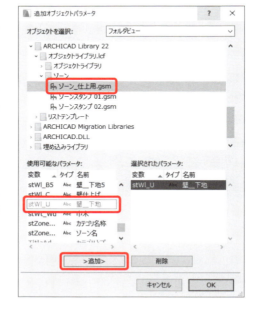

⑨ [一覧表]ダイアログボックスの基準に[壁＿下地]が追加されるので[基準]列を[壁＿下地][含む]にし、[値]列に石こうボードの「GB」を入力する。これでゾーンの壁情報にGB(石こうボード)が入っている部屋を絞り込むことができる。[及び/又は]が選択可能になるので[及び]を選択して、「要素タイプ＝ゾーン」「ゾーン番号1＝Aを含む」「壁＿下地＝GBを含む」という3つの条件の設定ができた。「OK」ボタンをクリックし、ダイアログボックスを閉じる。

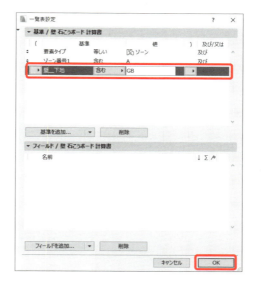

02　面積のプロパティを作成して追加する

各部屋に使用している石こうボードの面積のプロパティを作成する。この面積はARCHICAD 22から追加された「数式エディタ」を用いて算出した数値だ。

① 面積を求めるために[プロパティマネージャー]で数式が組み込まれたプロパティを作成する。[オプション]メニューから[プロパティマネージャー]を選択し、[プロパティマネージャー]ダイアログボックスを開く。

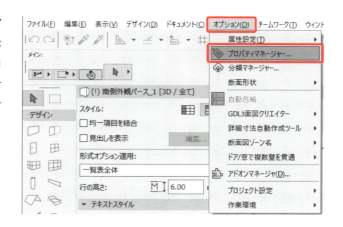

② 石こうボード集計用のプロパティを作成するので専用のグループを作成する。[新規作成]ボタンをクリックして[新規プロパティ/グループ]ダイアログボックスを表示する。[新規]の[グループ]にチェックを入れ、[グループ名]に「壁集計」と入力する。[OK]ボタンをクリックしてダイアログボックスを閉じる。

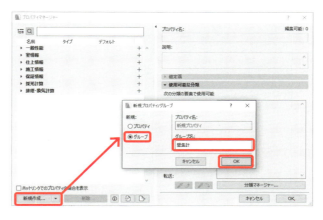

③ 作成した［壁集計］グループがどの分類の要素で使用できるかを設定する。［使用可能な分類］の［カスタム］にチェックを入れ、［編集］ボタンをクリックして［使用状況］ダイアログボックスを開く。ゾーンから引き出す情報なので［ARCHICAD-分類-22］の中の［スペース］と内部の項目にチェックを入れ、［OK］ボタンをクリックする。使用可能な分類が追加される。

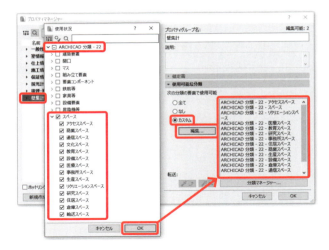

④ 次に計算過程で使うプロパティ「部屋の内壁面積（㎡）」を作成する。これは開口部面積を除かない、各部屋の壁内法面積だ。［新規作成］ボタンをクリックして［新規プロパティ/グループ］ダイアログボックスを表示する。［新規］の［プロパティ］にチェックを入れ、［プロパティ名］に「部屋の内壁面積（㎡）」と入力し、［グループに追加］は「壁集計」を選択する。［OK］ボタンをクリックしてダイアログボックスを閉じる。

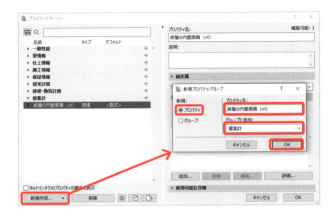

⑤ プロパティに値を定義する。［値定義］パネルで［データタイプ］は［面積］を選択し、［デフォルト値］は［数式］にチェックを入れ［数式エディタ］ダイアログボックスを開く。このダイアログボックス上部のポップアップリスト（［パラメータとプロパティ］［単位］［演算子と関数］）を使用して数式を作成していく。

⑥ 「部屋の内壁面積(㎡)」プロパティの数式は「内壁の周長×部屋の高さ」だ。まず、[パラメータとプロパティ]ポップアップリストから[ゾーン]内の[壁外周]を選択し、ダブルクリック、または[追加]ボタンをクリックする。

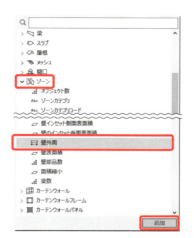

⑦ 次に[演算子と関数]ポップアップリストに切り替え、[乗算]を選択して追加し、再び[パラメータとプロパティ]ポップアップリストから[一般パラメータ]内の[高さ]を選択して追加する。

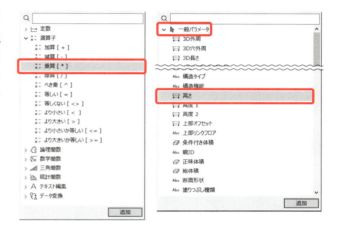

⑧ [数式エディタ]ダイアログボックスの計算式が「壁外周*高さ」となったら[OK]ボタンをクリックする。

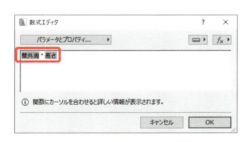

⑨ [プロパティマネージャ]ダイアログボックスの[値定義]パネルにプロパティの数式が定義される。

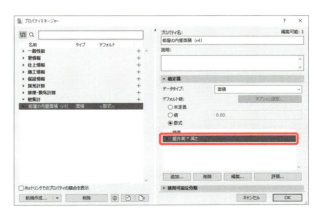

⑩ [使用可能な分類]パネルは③で設定した内容と同じにし、「部屋の内壁面積」プロパティの完成だ。

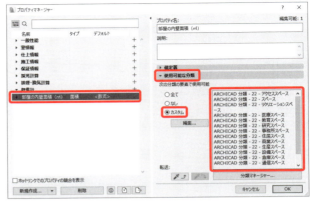

⑪ 同様の方法で部屋ごとの石こうボード使用面積(計算結果)となる「仕上集計(㎡)」プロパティを作成する。数式は「部屋の内壁面積－開口面積(窓＋ドア)」だ。計算式は「(部屋の内壁面積(㎡))－(ドア表面積＋窓表面積)」とする。[パラメータとプロパティ]ポップアップリストから[プロパティ]内の[壁集計]→[部屋の内壁面積(㎡)]、[ゾーン]内の[ドア表面積][窓表面積]を使い、[演算子と関数]ポップアップリストから[加算][減算]を使用する。

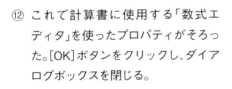

⑫ これで計算書に使用する「数式エディタ」を使ったプロパティがそろった。[OK]ボタンをクリックし、ダイアログボックスを閉じる。

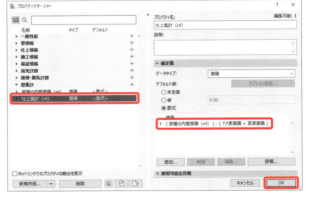

03 一覧表フィールドを定義する

次にこの一覧表にどのような項目を表示させるかを設定する。[一覧表設定]ダイアログボックスの[フィールド]パネルで表示するフィールドを設定する。検索フィールドから必要な項目を選択し、表示順序を変更して一覧表ウィンドウを表示する。

① [一覧表]ウィンドウの[一覧表設定]ボタンをクリックし[一覧表設定]ダイアログボックスを表示する。[フィールドを追加]ボタンをクリックする。

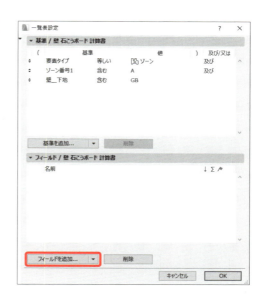

② 検索フィールドの[一般]から[ホームフロア名]をダブルクリック、または選択して[追加]ボタンクリックする。

③ 同様にして[ゾーン]から[ゾーン名][ドア表面積][窓表面積]、[プロパティ]から[壁集計]内の[部屋の内壁面積(㎡)][仕上集計(㎡)]を追加する。

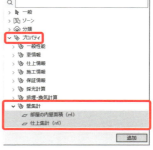

詳細
Ctrlキーを押しながら複数の項目を選択し[追加]ボタンをクリックしてもフィールドに追加できる。

④ 一覧表に表示される数値の順序を調整する。[一覧表設定]ダイアログボックスの[フィールド]パネルで、左端の上下矢印を使って4つの項目の表示順序を図のように変更する。各階ごとに石こうボードの集計をするため、右側のアイコンで[ホームフロア名]に↑(昇順)とフラグ、[仕上集計]にΣを設定する。これで壁の石こうボードの面積が各階ごとに集計され表示できる。[OK]ボタンをクリックしダイアログボックスを閉じる。

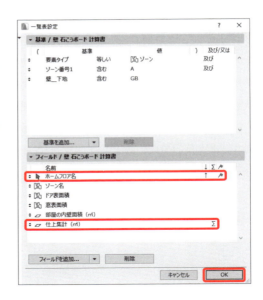

> **詳細**
>
> [フィールド]パネル右側の3種類のアイコンは一覧表に表示された数値の表示順序や集計を設定する。フラグを追加した場合、その項目内の種類ごとに合計または数量が区別され表示される。ただし、フラグは複数のフィールドに追加することはできない。
>
> ↓ ↑：昇順/降順に設定
> Σ　：一覧表に表示された数量の合計
> Σ　：選択した項目の該当箇所の合計
> ▶　：フラグ　種類別合計・数量の基準設定

⑤ [一覧表]ウィンドウが表示される。石こうボードを使っている壁の面積が部屋ごとに表示され、各階ごとに集計されている。

石こうボード 計算書

ホームフロア名	ゾーン名	ドア表面積	窓表面積	部屋の内壁面積 (㎡)	仕上集計 (㎡)
RFL	階段室	1.62	0.00	56.12	54.50
					54.50 ㎡
5FL	会議室	14.49	2.15	159.67	143.03
5FL	階段室	1.89	0.00	110.64	108.75
5FL	MWC	1.58	1.52	52.35	49.26
5FL	倉庫	10.35	3.04	53.15	39.76
5FL	WWC	5.18	1.52	51.11	44.41
5FL	給湯室	1.95	1.52	38.02	34.55
5FL	EVホール	3.78	3.78	17.12	9.56
5FL	通路	21.65	2.15	119.68	95.88
					525.20 ㎡
4FL	事務所 2	12.60	9.68	113.87	91.59
4FL	給湯室	5.10	1.52	33.80	27.17
4FL	休憩室	13.50	3.04	47.24	30.70
4FL	階段室	1.89	0.00	75.64	73.75
4FL	通路	29.84	4.30	147.00	112.86
4FL	EVホール	1.89	1.80	15.22	11.53
4FL	WWC	5.18	1.52	45.40	38.71
4FL	MWC	1.58	1.52	46.54	43.44
					429.75 ㎡
3FL	事務所 1	12.60	9.68	117.68	95.40
3FL	通路	29.87	6.69	147.00	110.44
3FL	休憩室	13.50	3.04	47.24	30.70
3FL	階段室	1.89	0.00	75.50	73.61
3FL	EVホール	3.78	3.84	15.22	7.60
3FL	給湯室	5.10	1.52	33.80	27.17
3FL	WWC	5.18	1.52	45.43	38.73
3FL	MWC	1.58	1.52	46.54	43.44
					427.09 ㎡
2FL	受付／ロビー	0.00	0.00	39.51	39.51
2FL	MWC	1.58	1.52	52.35	49.26

2 一覧表の表示を整えて出力

これまでの作業で必要な情報がひととおり得られたので、この一覧表を見やすく整える。さらに他の目的でも使えるようにExcelで出力する方法を解説する。

01 一覧表の表示調整

一覧表の表示を調整するために表見出しを変更する。

① 同じ項目の情報を集約する。[一覧表]ウィンドウ左側の形式オプションの[スタイル]で[見出しを表示]にチェックを入れる。

② 図のように表が変更される。[見出しを表示]にチェックを入れると、一覧表の先頭項目(ここでは「ホームフロア名」)ごとに区切られる。

③ 一覧表の「列ヘッダー」を変更する。「メインヘッダー」は一覧表を新規作成した際に入力した[名前]が反映され「石こうボード 計算書」となっているため、そのままにする。それぞれの「列ヘッダー」を選択し、「ホームフロア名」を「階」、「ゾーン名」を「室名」、「ドア表面積」を「ドア表面積(m²)」、「窓表面積」を「窓表面積(m²)」と直接入力して変更する。

02 一覧表をExcelファイルに出力する

ARCHICADで作成した一覧表に金額を入れて、別の見積書にする場合はExcelファイルの方が使いやすい。Excelに書き出すことで一覧表の応用範囲が広がる。

① [一覧表]ウィンドウを表示した状態で[ファイル]メニューから[名前を付けて保存]を選択する。[一覧表/インデックスを保存]ダイアログボックスの[ファイルの種類]から[Excelワークブック]を選択し、一覧表をExcelファイルとして保存する。

② 保存したExcelファイルを開く。一覧表はそのままのデザインで保存されているため、これを元に見積書などを作成することができる。

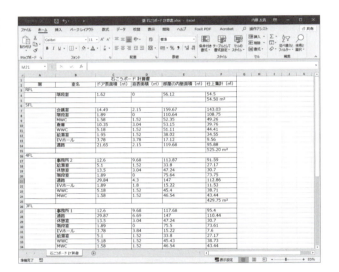

03 配光データを使って照明シミュレーション

ARCHICADに搭載の「CineRender by MAXON」というレンダリングエンジンを使えば、照明メーカーが提供している照明器具のIESデータ(配光データ)を読み込み、照明のシミュレーションをおこなうことができる。照明シミュレーションとは単なる室内のきれいなパースでなく、その照明器具を使えばどこまで明るさがいきわたるかを現実に近い形で表現し、照度のチェックを検討することだ。

1 光源のオフ

ARCHICADの[ランプツール]の「一般光源」にある「IES光源」を使用して、レンダリングをおこなう。光源「IES光源」のみを有効にするので、IES光源以外の光源や照明器具の光をオフに設定する。

① 3Dウィンドウを表示して[ランプツール]を選択し、[Ctrl]+[A]キーですべてのランプを選択する。この状態で[ランプツール]をダブルクリックする。

すべてのランプを選択

② 「選択したランプの設定」ダイアログボックスが開く。[光源設定]パネルの[光源パラメータ]タブページを表示する。電球アイコンを選択すると光源のオン／オフを設定できる。ここでは消灯状態の電球アイコンをクリックし、すべての光源をオフにする。

2 IESデータの読み込みと設定

シミュレーションに使う照明器具を準備しよう。照明器具メーカーのホームページにアクセスし、照明設計用のIESデータをダウンロードし、IESデータを読み込む。ここではパナソニック株式会社(http://www2.panasonic.biz/es/cec/ieshk/index.html)の照明器具を使用し、ダウンライト「NSN63782W」の「NSN637282W_NTS90201_LE9_LED3500_70_1030.ies」とペンダントライト「LGB15396」の「LGB15396_LDA14L_G_K100_W.ies」をダウンロードした。

① ダウンロードしたIESデータを読み込む。[ファイル]メニューから[ライブラリとオブジェクト]→[ライブラリマネージャー]を選択して[ライブラリマネージャー]ダイアログボックスを表示する。[埋め込みライブラリ]タブをクリックし、[新しいファイルを選択されたフォルダへ追加]ボタンをクリックする。ダウンロードしたIESデータを読み込み、[OK]ボタンをクリックしてダイアログボックスを閉じる。

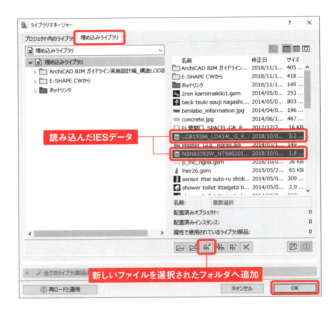

② 読みこんだIESデータを光源に設定する。ツールボックスの[ランプツール]をダブルクリックし、[ランプのデフォルト設定]ダイアログボックスを表示する。「一般光源」フォルダ内の「IES 光源」を選択する。[光源設定]パネルで[基本光源パラメータ]タブページを表示し、「測光ファイル名」の▼ボタンをクリックして、先ほど読み込んだIESデータを選択する。IESデータで色の再現はできないので[カラー]のボックスをクリックして色設定をする。[測光ファイルで定められた強度を使用]にチェックを入れたら[OK]ボタンをクリックしてダイアログボックスを閉じる。

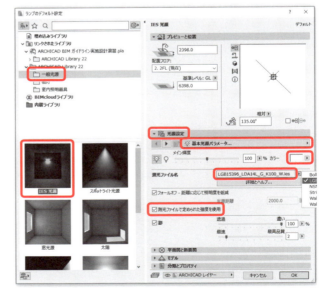

③ 設定ができたら、室内モデル平面図にこの光源を配置する。ここではダウンライトとペンダントライトの「IES光源」を図のように配置した。

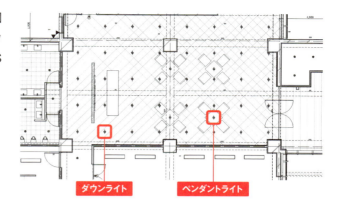

3 レンダリング

レンダリング設定に事前に設定された「シーン」をうまく使えば、最小限の設定でレンダリングができる。

① 3Dウィンドウを表示し、レンダリングするアングルを設定する。

② [ドキュメント]メニューから[レンダリング]→[レンダリング設定]を選択して[レンダリングの設定]パレットを表示する。[レンダリングの設定]パレットには上部にプレビューウィンドウがあり、下部にはレンダリングの設定項目が表示される。レンダリングの設定項目には[設定]パネルと[サイズ]パネルがある。[設定]パネルではレンダリングの品質や環境、背景を、[サイズ]パネルではレンダリング画像のサイズや解像度を設定できる。

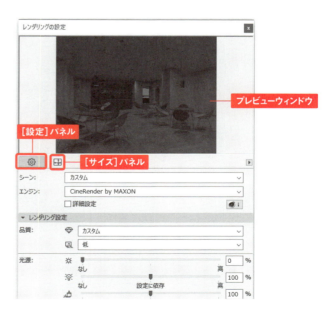

③ [シーン]をクリックしてプルダウンメニューから[シーンの選択と管理]を選択する。

④ [シーンの選択と管理]ダイアログボックスが開く。ここでは屋内での照明シミュレーションなので照明の光源がわかりやすい「インドア ランプのみ 速度優先」を選択した。もし精度の高い室内パースを作成する場合は「インドア ランプのみ 画質優先(Physical)」を選ぶといい。[OK]ボタンをクリックしてダイアログボックスを閉じる。

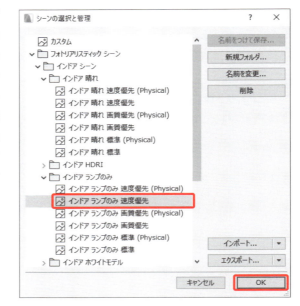

⑤ [エンジン]は[CineRender by MAXON]でないと、IES光源の照明シミュレーションはできない。④で選択したシーンの[インドア ランプのみ 速度優先]はデフォルトで[エンジン]が[CineRender by MAXON]に設定されているため変更の必要はない。

⑥ [サイズ]パネルで[サイズ]の▶ボタンをクリックしてレンダリングサイズを選択する。ここでは[画面]→[800×600]を選択する。

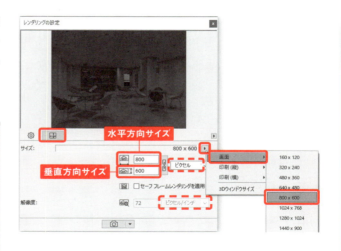

> **詳細**　精度の高い室内パースを作成する場合は[サイズ]で大きなサイズを選択するか、[水平方向サイズ][垂直方向サイズ]に直接サイズを入力する。または、サイズの単位を「ピクセル」以外にし、[解像度]を「ピクセル/インチ」や「ピクセル/cm」で設定する。

⑦ 設定が終わったらパレット下部にある[レンダリング]ボタンをクリックしてレンダリングを実行する。

⑧ 筆者のワークステーションを使った環境でレンダリングに8分15秒かかった。テーブル上の明るさは均等か、部屋の明るさが行きわたっているかなどをチェックしてレンダリング画像を保存する。「画像」ウィンドウを右クリックして[名前を付けて保存]を選択し、画像を保存する。または「画像」ウィンドウが表示された状態で[ファイル]メニューから[名前を付けて保存]を選択し、画像を保存する。

> **詳細**　レンダリング画像は「TIFF」「PNG」「JPEG」「GIF」「BMP」「PDF」のファイル形式で保存できる。上記保存画像は付録「ch04」フォルダの「参考レンダリング.jpg」を参照されたい。

Tips　スフィリカルカメラを使った360°ビューのレンダリング

VR（バーチャルリアリティ）の普及にともない、ARCHICADでも360°ビューの画像や立体画像をレンダリングできるようになった。360°ビューの画像をつくるレンダリング設定をかんたんに解説する。

① [レンダリングの設定]パレットの[詳細設定]にチェックを入れる。[レンダリング設定]の左のツリーで[詳細設定]内の[スフィリカルカメラ]にチェックを入れ、右側の[全天周を使う]にチェックを入れる。

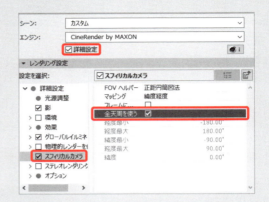

② 360°ビューの画像を表示するには、縦横比を2:1にしなければならない。[サイズ]パネルでチェーンアイコンをクリックし、縦横比の保持をオフにする。画像の縦横比を2:1になるようにサイズを入力したら[レンダリング]ボタンをクリックしてレンダリングを実行する。

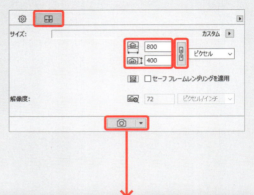

保存された360°ビューのレンダリング画像

索 引

記号・英数字

+ ……………………………………………… 53
360°ビュー ………………………………… 282
2Dシンボル表示 …………………………… 231
2Dシンボルプレビュー …………………… 172
3Dドキュメント設定 ……………………… 185
3Dドキュメント選択設定 ………………… 186
ARCHICAD 22を起動 ………………… 11, 258
ARCHICADLibrary ……………………… 109
BIMcloudにログイン …………………… 255
BIMcloudライブラリの管理 …………… 256
BIMcloudライブラリの選択 …………… 257
BIMcloudライブラリを追加 …………… 257
Excel ……………………………………… 276
IESデータ ………………………………… 278
JPN Libraryの詳細レベル ………………… 89
LOD ………………………………………… 20
PDF ………………………………………… 244
PDFオプション …………………………… 245
PDFページを配置 ………………………… 247

あ

アーカイブプロジェクトを開く …………… 12
値定義 ……………………………………… 271
新しい形状変更 …………………………… 60
一覧表/インデックスを保存 ……………… 276
一覧表設定 ……………………… 191, 203, 266
一覧表セルサイズ ………………………… 206
移動 ………………………………… 212, 238
移動とコピー ……………………………… 71
インポート …………………………… 41, 44
受け取った有権要求 ……………………… 263
内法寸法 …………………………………… 88
埋め込みライブラリ ……………………… 278
演算子と関数 ……………………………… 270
エンジン …………………………………… 280
オーガナイザ ……………………………… 46
オーガナイザ-発行 ……………………… 249
お気に入り ……………………… 149, 171, 198
屋上フェンス支持材 ……………………… 129
同じ輪郭の塗りつぶしを結合 …………… 219
オブジェクトペンの上書き ……………… 103
オブジェクトを保存 ……………………… 229
オフセット形状変更 ……………………… 60

か

カーテンボックス ………………………… 133
開口部枠 …………………………………… 84
階段詳細図 ………………………………… 193
階段手摺 …………………………………… 94
回転矩形 …………………………………… 174

外部参照 …………………………… 225, 246
外部図面を配置 …………………… 225, 246
解放 ……………………………………… 262
カウンターと洗面器設定 ………………… 115
角度 ……………………………………… 148
確保 ……………………………………… 261
影なし …………………………………… 49
カスタム設定 …………………… 85, 91, 103, 105
カスタムテキスト ………………………… 158
可動家具 ………………………………… 102
壁厚を変更 ……………………………… 68
壁開口寸法 ………………………………… 88
壁基準線の変更 …………………………… 69
壁ツール …………………………… 80, 138
壁の修正-基準線 ………………………… 69
壁のデフォルト設定 ………………… 80, 83, 138
壁を全て選択 …………………………… 56
環境 ……………………………………… 99
企画設計 ………………………………… 14
基準線/基準面 …………………………… 68
基準線オフセット ………………………… 63
基準線上で壁を反転 ……………………… 55
基準点 …………………………………… 154
基本設計 ……………………………… 16, 52, 90
境界なし ………………………………… 216
共有 ……………………………………… 255
距離 ……………………………… 121, 152
クイックオプションバー ………………… 92
矩形 …………………… 80, 125, 139, 174, 198
躯体上端 ………………………………… 70
躯体中心 ………………………………… 55, 69
躯体床 …………………………………… 71
クラシック ……………………………… 164
グラフィックシンボル …………………… 214
グリッド設定 …………………… 236, 239
グループ化 ……………………………… 107
グループ設定 …………………………… 241
グループの一時解除 …………… 107, 137, 218
グループの全ての展開図を復帰 ………… 180
蹴上部分詳細図 ………………………… 198
形式オプション ………………… 203, 207
結合設定 ………………………………… 219
欠落しているアドオン …………………… 12
現在の設定で再定義 …………………… 147
現在のビュー設定で開く ………………… 199
現在のビューを全て保存 ………………… 175
現在のビューを保存 …………… 143, 187
検索と選択 ……………………… 53, 57
原点 ……………………………………… 133
光源設定 ………………………………… 277
構造種別 ………………………………… 34

| 構造と表現 | 26 |
| 勾配 | 126 |

さ

材質	34, 183
材質上書き	63
最少スペース	112
再ロードと適用	113
作業環境	157
削除	179
作図レイヤー	60
参照	145
参照線	124, 126
参照線ハンドル	124
参照線分節を作成	126
参照として表示	145, 177, 234
仕上げ床	71
シーンの選択と管理	280
実施設計	18, 64, 90
実線に強制	222
自動寸法追加	207
シャドウ	50
収納扉	117, 121
重複線を結合	222
重複線を調整	222
重複塗りつぶしを切り取り	219
使用可能なパラメータ	205
上下間接照明付化粧台	119
詳細図ツール	198
詳細図のデフォルト設定	198
詳細寸法	148
詳細寸法自動作成ツール	155
承認	263
情報	66, 104
情報ボックス	157, 159
照明シミュレーション	277
所有権要求を承認	264
新規3Dドキュメント	185
新規一覧表スキーム	266
新規個別ワークシート	224
新規頂点を挿入	58
新規発行セット	249
新規ビューポイント	224
新規フォルダ	46
新規プロパティ/グループ	269
新規メッセージを送信	264
シンボル	103
シンボル線	103
シンボル線ペン	103, 105
水栓スタイル	116
水平範囲	171, 181
数式エディタ	270
スケール	207
ストレッチ形状変更	60
スフィリカルカメラ	282
全ての方向	149
隅切り-面取り	136

図面単位	225, 227
図面のレイヤーを使用	228
図面番号	240
図面を更新	12
図面を配置	225, 247
スラブ基準面の変更	70
スラブツール	139
寸法線を分離	151
寸法テキストの設定	158
寸法テキスト配置方法	164
寸法点を移動	154
寸法点を挿入/結合	153
積算	265
セグメントとノード	100
設計検討	232
接続する同一塗りつぶしを結合	219
接続線を結合	221
設備機器リスト	190
切断塗りつぶし	26
セルサイズ設定	206
線形寸法ツール	149
線形寸法のデフォルト設定	149
全体寸法	195
全体的に外部	54
全体的に内部	54
全天周を使う	282
選択されたパラメータ	205
選択したオブジェクトの設定	103, 109, 115
選択した壁の設定	55, 68, 117
選択した図面の設定	233
選択したスラブの設定	72, 118
選択したセルを削除	209
選択した線形寸法の設定	164
選択した線の設定	166
選択した断面図の設定	162, 195
選択した手摺りの設定	96
選択した展開図の設定	182
選択したドアの設定	91
選択した柱の設定	78, 130
選択した梁の設定	119
選択した複合構造/断面形状を編集	81, 120, 134, 137
選択した窓の設定	85, 231
選択したラベルの設定	165, 189
選択セットの編集	230
選択内容に名前を付けて保存	229
選択要素の解放	262
選択要素を確保	261
線の整理	220
線の整理ウィザード	221
洗面台設定	115
送信/受信	260
ソースビューから再構築	223
ソースビューを開く	192, 213
ソースマーカーカラー	181
ソースマーカーを強調表示	181
属性マネージャー	35, 39, 41
測定値	159